Christian Francesco Schio

El Metaverso

Navegando hacia el futuro virtual

El metaverso: Navegando hacia el futuro virtual

Autor: Christian Francesco Schio

Lanzarote 2023

En este libro, Christian Francesco Schio, experto en informática, nos guía a través de este nuevo mundo, explorando las tecnologías clave que lo hacen posible, los proyectos y empresas que ya están construyéndolo, y las posibles implicaciones sociales, económicas y culturales.

CAPITULOS

Prólogo:
El mundo virtual se expande más allá de la pantalla

En el último año, la pandemia ha acelerado la adopción de la tecnología en todos los ámbitos de la vida, desde el trabajo y la educación hasta el entretenimiento y las relaciones sociales. Pero una tendencia que ya estaba en marcha antes del COVID-19, y que se ha vuelto aún más prominente desde entonces, es la creciente adopción de la realidad virtual y la realidad aumentada.

Estas tecnologías, que permiten a los usuarios experimentar mundos virtuales inmersivos y tridimensionales, se han utilizado durante años en videojuegos y entretenimiento, pero ahora están siendo adoptadas en una amplia gama de industrias, desde la arquitectura y el diseño hasta la medicina y la educación.

Pero hay un término que ha surgido en los últimos años que promete ir aún más allá de lo que hemos experimentado hasta ahora: el metaverso. Se trata de un universo virtual en constante evolución que va más allá de la pantalla de un ordenador o un smartphone, y que promete transformar la forma en que vivimos, trabajamos y nos relacionamos en línea.

En "El metaverso: Navegando hacia el futuro virtual", Christian Francesco Schio nos guía a través de este nuevo mundo digital emergente, explorando las tecnologías clave que lo hacen posible, los proyectos y empresas que ya están construyéndolo, y las posibles implicaciones sociales, económicas y culturales. Con su experiencia en informática y su pasión por la tecnología, Schio nos brinda una visión del futuro de un universo virtual en constante evolución, y cómo su adopción masiva puede cambiar la forma en que interactuamos con la tecnología y el mundo que nos rodea.

Este libro es para aquellos interesados en el futuro de la tecnología y en cómo puede transformar nuestras vidas de maneras que aún no podemos imaginar. Es un viaje emocionante a través de un mundo digital que está en constante evolución, y que promete ser una fuerza positiva para el cambio y el progreso en el mundo. Espero que disfrutes de este libro tanto como yo lo he hecho.

Christina Grey

Una periodista interesada en la tecnología y el futuro.

Capítulo 1

Introducción: ¿Qué es el metaverso?

El término "metaverso" se ha vuelto cada vez más prominente en la cultura popular y la industria tecnológica en los últimos años. Pero, ¿qué es realmente el metaverso? ¿Es una simple moda pasajera, o es un concepto que tiene el potencial de transformar la forma en que vivimos, trabajamos y nos relacionamos en línea?

En términos generales, el metaverso se refiere a un universo virtual en constante evolución que va más allá de la pantalla de un ordenador o un smartphone. Es un espacio tridimensional y completamente inmersivo en el que los usuarios pueden interactuar entre sí y con objetos digitales de la misma manera que lo harían en el mundo físico.

El término fue popularizado por Neal Stephenson en su novela de ciencia ficción "Snow Crash", publicada en 1992. En ella, Stephenson describe un mundo virtual llamado "Metaverso", en el que los usuarios pueden crear avatares y explorar una variedad de mundos virtuales. Desde entonces, el concepto del metaverso ha sido adoptado por la industria tecnológica como un posible futuro de la tecnología en línea.

Para que el metaverso sea posible, se necesitan una serie de tecnologías clave. Una de ellas es la realidad virtual (VR), que permite a los usuarios sumergirse en mundos virtuales con la ayuda de gafas VR y otros dispositivos. Otra tecnología clave es la realidad aumentada (AR), que superpone objetos digitales en el mundo físico utilizando dispositivos móviles u otros medios.

Pero el metaverso va más allá de la VR y la AR. También se necesitan tecnologías de inteligencia artificial, robótica, blockchain y otras para crear un mundo virtual coherente y en constante evolución en el que los usuarios pueden interactuar de manera significativa.

Para que el metaverso sea posible, se necesitan una serie de tecnologías clave. Una de ellas es la realidad virtual (VR), que permite a los usuarios sumergirse en mundos virtuales con la ayuda de gafas VR y otros dispositivos. Otra tecnología clave es la realidad aumentada (AR), que superpone objetos digitales en el mundo físico utilizando dispositivos móviles u otros medios.

Pero el metaverso va más allá de la VR y la AR. También se necesitan tecnologías de inteligencia artificial, robótica, blockchain y otras para crear un mundo virtual coherente y en constante evolución en el que los usuarios pueden interactuar de manera significativa.

El metaverso se diferencia de las redes sociales actuales en que es un espacio virtual completamente inmersivo en el que los usuarios pueden interactuar y experimentar de una manera más completa. Mientras que las redes sociales se centran en la comunicación y el intercambio de información, el metaverso tiene como objetivo crear un espacio en el que los usuarios puedan llevar a cabo actividades y experiencias más variadas y significativas.

El potencial del metaverso es enorme. Por ejemplo, podría ser utilizado para el trabajo remoto, permitiendo a las personas interactuar y colaborar en un entorno virtual en lugar de tener que desplazarse físicamente a una oficina. También podría utilizarse para la educación a distancia, permitiendo a los estudiantes asistir a clases virtuales y explorar mundos virtuales para obtener una mejor comprensión de los conceptos.

En resumen, el metaverso es un universo virtual en constante evolución que va más allá de las actuales experiencias digitales en línea. Combina tecnologías como la VR, la AR, la inteligencia artificial y la robótica para crear un espacio virtual inmersivo en el que los usuarios pueden interactuar y experimentar de una manera más completa y significativa. Su potencial para cambiar la forma en que vivimos, trabajamos y nos relacionamos en línea es enorme.

En este libro, exploraremos el concepto del metaverso en detalle, desde su historia y los proyectos y empresas que están construyendo este futuro digital, hasta las posibles implicaciones sociales, económicas y culturales de su adopción masiva. Esperamos que este libro te brinde una visión clara del futuro de la tecnología en línea, y de cómo el metaverso puede transformar nuestra forma de vida y trabajo en el futuro cercano.

Capítulo 2

Antecedentes:
Cómo ha evolucionado el concepto de metaverso a lo largo del tiempo.

Los primeros antecedentes del metaverso se remontan a la literatura de ciencia ficción de los años 80 y 90. Autores como William Gibson, Bruce Sterling y Neal Stephenson plantearon la idea de un mundo virtual en sus obras, sentando las bases para el concepto de metaverso.

En particular, Neal Stephenson fue uno de los primeros escritores en explorar el concepto de un mundo virtual compartido en su novela "Snow Crash" de 1992. En el libro, Stephenson describe un mundo virtual llamado "Metaverso" que se utiliza tanto para el entretenimiento como para la actividad económica y social. El Metaverso de Stephenson presenta una visión de un mundo virtual en el que los usuarios pueden interactuar con otros usuarios, explorar mundos virtuales, comprar y vender bienes y servicios, y participar en juegos y competiciones.

La idea de Stephenson de un mundo virtual compartido fue muy influyente en el desarrollo posterior del concepto de metaverso. Su visión de un mundo virtual en el que los usuarios pueden interactuar y participar en actividades económicas y sociales se ha convertido en una realidad en algunos aspectos de la tecnología actual, como los juegos en línea, los mundos virtuales y las redes sociales.

En resumen, los primeros antecedentes del metaverso se remontan a la literatura de ciencia ficción de los años 80 y 90, en la que autores como Neal Stephenson plantearon la idea de un mundo virtual compartido. La visión de Stephenson de un mundo virtual en el que los usuarios pueden interactuar y participar en actividades económicas y sociales ha sido una influencia importante en el desarrollo del concepto de metaverso en la tecnología actual.

Los primeros ejemplos de mundos virtuales: cómo las primeras formas de mundos virtuales comenzaron a aparecer en los laboratorios de investigación en la década de 1970.

Otro antecedente importante en la evolución del concepto de metaverso fue el desarrollo de los primeros mundos virtuales en la década de 1970. Estos primeros ejemplos de mundos virtuales surgieron en los laboratorios de investigación como parte de la investigación en la interfaz hombre-máquina y la realidad virtual.

El primer mundo virtual conocido se llamaba "The Ultimate Display" y fue desarrollado por Ivan Sutherland y su equipo en la Universidad de Utah en 1965. Este sistema utilizaba gafas y guantes especiales para proporcionar una experiencia inmersiva a los usuarios, permitiéndoles interactuar con objetos virtuales en un espacio virtual.

En la década de 1970, los investigadores comenzaron a desarrollar mundos virtuales más complejos, como el sistema "Habitat" desarrollado por Lucasfilm Games en 1985. Este sistema permitía a los usuarios interactuar con otros usuarios en un mundo virtual compartido y realizar actividades como comprar y vender bienes virtuales.

Estos primeros ejemplos de mundos virtuales sentaron las bases para el concepto de metaverso, al demostrar las posibilidades de crear mundos virtuales en los que los usuarios pueden interactuar y participar en actividades económicas y sociales. Aunque estos primeros mundos virtuales eran muy rudimentarios en comparación con la tecnología actual, fueron un primer paso importante en la evolución del concepto de metaverso.

La popularización de los videojuegos: cómo los videojuegos comenzaron a popularizarse en la década de 1980, y con ellos vinieron los primeros ejemplos de mundos virtuales en los que los usuarios podían explorar y interactuar.

La popularización de los videojuegos en la década de 1980 fue un hito importante en la evolución del concepto de metaverso. Con el aumento de la potencia de procesamiento y la mejora de los gráficos, los videojuegos se convirtieron en una forma popular de entretenimiento en todo el mundo. Con los videojuegos, también llegaron los primeros ejemplos de mundos virtuales en los que los usuarios podían explorar y interactuar.

Uno de los primeros ejemplos de un mundo virtual en un videojuego fue el juego de aventuras "Adventure" de Atari en 1979. Este juego permitía a los usuarios explorar un mundo virtual en 2D y resolver acertijos para avanzar en la trama.

En la década de 1980, los videojuegos se convirtieron en una industria multimillonaria, y con la popularidad de los juegos de rol (RPGs) como "Dungeons & Dragons", surgieron los primeros juegos de rol en línea (MMORPGs). El primer MMORPG fue "Neverwinter Nights" de AOL en 1991, que permitía a los usuarios explorar un mundo virtual en 2D y jugar con otros usuarios en línea.

Con el tiempo, los MMORPGs evolucionaron para incluir mundos virtuales en 3D, como "Ultima Online" en 1997 y "Everquest" en 1999. Estos mundos virtuales en 3D permitían a los usuarios explorar un mundo virtual detallado y interactuar con otros usuarios en tiempo real.

Los videojuegos y los MMORPGs sentaron las bases para el concepto de metaverso al demostrar cómo los mundos virtuales pueden ser utilizados para la interacción social y la creación de comunidades en línea. Con la creciente popularidad de los videojuegos en todo el mundo, el concepto de metaverso comenzó a atraer la atención de la cultura popular y se convirtió en una idea cada vez más presente en la imaginación popular.

La evolución de los mundos virtuales: cómo los mundos virtuales se hicieron cada vez más avanzados y complejos a medida que la tecnología evolucionaba.

A medida que la tecnología de computación y gráficos avanzaba, los mundos virtuales también evolucionaron. Los primeros mundos virtuales eran bastante simples en términos de gráficos y mecánicas de juego, pero a medida que la tecnología mejoraba, los mundos virtuales se hicieron más avanzados y complejos.

El lanzamiento de "Second Life" en 2003 fue un hito importante en la evolución de los mundos virtuales. "Second Life" fue uno de los primeros mundos virtuales en línea en 3D, que permitía a los usuarios crear su propio avatar y explorar un mundo virtual en línea en tiempo real. A diferencia de los juegos de rol en línea, "Second Life" no tenía una trama o misiones específicas que debían completarse, lo que permitía a los usuarios crear su propia experiencia en línea.

Con el éxito de "Second Life", surgieron otros mundos virtuales en línea, como "World of Warcraft" en 2004 y "Minecraft" en 2011. Estos mundos virtuales ofrecían una experiencia de juego más variada, con misiones, batallas y construcción de ciudades, entre otras cosas.

En los últimos años, la tecnología ha avanzado aún más, lo que ha llevado a la creación de mundos virtuales cada vez más avanzados y complejos. Los mundos virtuales de hoy en día utilizan tecnologías como la realidad virtual y aumentada para ofrecer una experiencia de juego aún más inmersiva. Algunos ejemplos notables de mundos virtuales actuales incluyen "Fortnite", "Roblox" y "Animal Crossing".

En resumen, la evolución de los mundos virtuales ha sido impulsada por la tecnología en constante evolución. Desde los primeros mundos virtuales en 2D hasta los mundos virtuales en 3D y la realidad virtual, los mundos virtuales se han vuelto cada vez más complejos y avanzados a lo largo del tiempo.

La aplicación del concepto de metaverso en la tecnología actual: cómo el concepto de metaverso se está aplicando actualmente en tecnologías como la realidad virtual, la realidad aumentada y la inteligencia artificial, y cómo estas tecnologías están creando nuevos mundos virtuales en los que los usuarios pueden interactuar y experimentar de nuevas maneras.

El concepto de metaverso se está aplicando actualmente en una serie de tecnologías emergentes, incluyendo la realidad virtual (VR), la realidad aumentada (AR) y la inteligencia artificial (IA). Estas tecnologías están transformando la forma en que los usuarios interactúan con los mundos virtuales, creando experiencias más inmersivas y realistas que nunca antes.

La realidad virtual, por ejemplo, permite a los usuarios sumergirse completamente en mundos virtuales utilizando auriculares y otros dispositivos de entrada, como controladores de movimiento. Esto les permite moverse y interactuar con el entorno virtual de una manera que se siente muy similar a la realidad. La realidad aumentada, por otro lado, permite a los usuarios superponer objetos y experiencias virtuales en el mundo real, utilizando dispositivos móviles o gafas AR.

La inteligencia artificial también está desempeñando un papel importante en la creación de mundos virtuales más complejos y realistas. Los algoritmos de aprendizaje automático pueden ser utilizados para crear personajes no jugables (PNJ) más realistas y hacer que la interacción con ellos se sienta más natural. Además, los chatbots y otros programas de IA pueden ser utilizados para crear conversaciones más realistas y dinámicas con los PNJ.

En conjunto, estas tecnologías están transformando la forma en que los usuarios interactúan con los mundos virtuales y creando nuevas posibilidades para el futuro del metaverso. Por ejemplo, el metaverso podría ser utilizado para una amplia gama de aplicaciones, desde juegos y entretenimiento hasta educación, trabajo remoto y telemedicina.

A medida que estas tecnologías continúan evolucionando y mejorando, es probable que el metaverso se convierta en una parte cada vez más importante de nuestras vidas digitales y físicas, ofreciendo nuevas posibilidades para la colaboración, la comunicación y la creatividad.

Capítulo 3

¿Por qué el metaverso es importante para el futuro?

Cómo el metaverso está emergiendo como un aspecto importante del futuro digital y cómo su impacto podría ser profundo y transformador.

El impacto del metaverso en el futuro

El metaverso es más que una simple tecnología o una nueva forma de entretenimiento. Se está convirtiendo en un aspecto importante del futuro digital y su impacto podría ser profundo y transformador. En este capítulo, exploraremos cómo el metaverso está emergiendo como una fuerza importante en la tecnología y la sociedad, y cómo su impacto podría afectar a nuestras vidas de manera significativa.

La evolución de la tecnología y su impacto en la sociedad

La tecnología ha cambiado la forma en que vivimos, trabajamos y nos relacionamos entre nosotros. El metaverso se está convirtiendo en una extensión natural de la tecnología actual y podría transformar aún más la forma en que interactuamos con el mundo.

Las posibilidades del metaverso

El metaverso ofrece un sinfín de posibilidades para la exploración, la creatividad, la comunicación y el aprendizaje. Los usuarios podrían crear sus propios mundos virtuales, interactuar con otros usuarios de todo el mundo, asistir a eventos y conferencias virtuales, y experimentar cosas que nunca antes habían sido posibles.

El metaverso como herramienta para la educación y la formación

El metaverso también podría transformar la educación y la formación, permitiendo a los estudiantes y los trabajadores aprender y practicar en un ambiente virtual que les permita experimentar situaciones del mundo real de manera segura y controlada.

El metaverso como un espacio para la creatividad y la innovación

El metaverso es también un espacio para la creatividad y la innovación. Los artistas, diseñadores y creadores pueden utilizar el metaverso para crear y compartir sus obras, y los empresarios pueden utilizarlo para desarrollar y probar productos y servicios nuevos.

Las implicaciones del metaverso en la economía y el empleo

El metaverso tiene implicaciones para la economía y el empleo. Podría ser una nueva fuente de empleo y oportunidades para las empresas, pero también podría afectar a las formas tradicionales de trabajo y a la economía actual.

Los desafíos éticos y sociales del metaverso

El metaverso también plantea desafíos éticos y sociales. Las cuestiones de privacidad, seguridad y control son preocupaciones importantes, así como la posibilidad de crear mundos virtuales que perpetúen prejuicios y desigualdades.

En resumen, el metaverso está emergiendo como un aspecto importante del futuro digital. Su impacto podría ser profundo y transformador, afectando a la forma en que interactuamos con el mundo, aprendemos, creamos y trabajamos. Sin embargo, también plantea desafíos éticos y sociales que deben ser abordados a medida que el metaverso se convierte en una parte cada vez más integral de nuestra vida digital.

El potencial del metaverso para transformar áreas como el comercio, la educación y el entretenimiento, y cómo esto podría afectar nuestras vidas cotidianas.

El metaverso tiene el potencial de transformar varios aspectos de nuestra vida diaria, incluyendo el comercio, la educación y el entretenimiento. En el mundo del comercio, el metaverso podría cambiar la forma en que compramos y vendemos bienes y servicios, creando nuevas oportunidades para las empresas y nuevas formas de interactuar con los consumidores. Por ejemplo, un minorista podría crear una tienda virtual dentro del metaverso, permitiendo a los consumidores explorar y comprar productos en un ambiente virtual inmersivo.

En cuanto a la educación, el metaverso podría transformar la forma en que aprendemos y enseñamos. Los profesores podrían utilizar el metaverso para crear experiencias educativas inmersivas y personalizadas para los estudiantes, lo que les permitiría aprender de manera más efectiva y atractiva. Además, el metaverso podría proporcionar nuevas formas de colaboración y trabajo en equipo, lo que podría mejorar la educación y la formación profesional.

En el entretenimiento, el metaverso podría proporcionar nuevas formas de experimentar la música, el cine y otros tipos de entretenimiento. Los artistas y los creadores podrían utilizar el metaverso para crear experiencias inmersivas para sus audiencias, lo que les permitiría interactuar con la música, el cine y otros tipos de contenido de maneras completamente nuevas. Además, el metaverso podría proporcionar nuevas formas de socialización y entretenimiento en línea, lo que podría tener un impacto profundo en nuestra cultura y nuestra sociedad.

En resumen, el metaverso tiene el potencial de transformar áreas clave de nuestra vida, incluyendo el comercio, la educación y el entretenimiento. Como tal, es importante que comprendamos cómo funciona el metaverso y cómo podría afectar nuestras vidas en el futuro.

Cómo el metaverso podría tener un impacto en la economía global y en la forma en que trabajamos, creando nuevas oportunidades para la colaboración y el emprendimiento.

El metaverso también tiene el potencial de tener un gran impacto en la economía global y en la forma en que trabajamos. Con la creación de nuevos mundos virtuales en los que los usuarios pueden colaborar y compartir información, el metaverso podría transformar la forma en que hacemos negocios y crear nuevas oportunidades para el emprendimiento.

Por ejemplo, el comercio electrónico es una de las áreas que se ha visto particularmente afectada por la pandemia de COVID-19, con un aumento significativo en las compras en línea en todo el mundo. El metaverso podría proporcionar una solución interesante a este problema al permitir a los consumidores experimentar los productos y servicios de una manera más interactiva y social. Las tiendas virtuales en el metaverso podrían ser diseñadas para proporcionar experiencias de compra en línea mucho más inmersivas, lo que podría llevar a un aumento en las ventas y en la fidelización de los clientes.

Además, el metaverso también podría tener un impacto en la educación. La pandemia ha obligado a muchas escuelas y universidades a realizar la transición a la educación en línea, lo que ha sido un desafío para muchos estudiantes y educadores. El metaverso podría proporcionar una solución a este problema al permitir a los estudiantes y profesores interactuar en un entorno virtual más inmersivo. Los estudiantes podrían tener la oportunidad de explorar temas de una manera más visual y colaborativa, lo que podría mejorar su capacidad para aprender y retener información.

Finalmente, el metaverso también podría transformar la forma en que trabajamos. Con la creación de espacios de trabajo virtuales en los que los empleados pueden interactuar de forma más colaborativa, el metaverso podría permitir una mayor flexibilidad y una mayor productividad en el lugar de trabajo. Los equipos remotos podrían trabajar juntos en tiempo real en un entorno virtual, lo que podría permitir una mayor eficiencia y una mejor colaboración en los proyectos.

En resumen, el metaverso tiene el potencial de transformar muchas áreas de nuestras vidas, desde el comercio y la educación hasta la forma en que trabajamos y colaboramos. Será interesante ver cómo evoluciona esta tecnología en los próximos años y cómo se integrará en nuestra vida cotidiana.

Cómo el metaverso podría mejorar la accesibilidad y la inclusión, proporcionando nuevas formas de conectividad y experiencia para personas con discapacidades o que se encuentran en áreas remotas.

El metaverso no solo tiene el potencial de transformar la forma en que trabajamos y nos divertimos, sino también de mejorar la accesibilidad y la inclusión en nuestra sociedad. Una de las principales ventajas del metaverso es que puede proporcionar una experiencia inmersiva para aquellos que de otra manera no podrían participar en ciertas actividades.

Por ejemplo, las personas con discapacidades físicas o mentales pueden tener dificultades para acceder a ciertos lugares o actividades en el mundo físico. Sin embargo, en un mundo virtual, pueden tener una experiencia igual o incluso mejor que en la vida real. Los mundos virtuales también pueden ser una gran oportunidad para aquellos que viven en áreas remotas y no tienen acceso a ciertos servicios o actividades.

Además, el metaverso puede proporcionar una mayor accesibilidad en el ámbito educativo. Las plataformas de aprendizaje virtuales pueden ser más accesibles para estudiantes con discapacidades o necesidades especiales, y los educadores pueden diseñar experiencias de aprendizaje más atractivas e interactivas que se adapten a las necesidades individuales de los estudiantes.

En resumen, el metaverso puede abrir nuevas oportunidades para la inclusión y la accesibilidad, mejorando la calidad de vida de muchas personas y reduciendo las barreras que limitan su participación en la sociedad.

Cómo el metaverso podría mejorar nuestra capacidad para colaborar y co-crear, permitiéndonos trabajar juntos en tiempo real en entornos virtuales.

El metaverso también tiene el potencial de revolucionar la forma en que colaboramos y co-creamos en línea. En los mundos virtuales, los usuarios pueden trabajar juntos en tiempo real, desde cualquier lugar del mundo, como si estuvieran en la misma habitación. Esto significa que las empresas y organizaciones pueden reunir a equipos de trabajo de diferentes partes del mundo para colaborar en proyectos en línea. Además, el metaverso también puede fomentar la innovación y la creatividad al permitir a los usuarios experimentar con nuevas ideas y conceptos de formas que no son posibles en el mundo físico.

En el ámbito de la educación, el metaverso puede permitir a los estudiantes y profesores trabajar juntos en proyectos y actividades en línea en tiempo real, lo que puede mejorar la calidad de la educación y la experiencia de aprendizaje. Los estudiantes también pueden acceder a recursos educativos en línea y trabajar juntos en proyectos que les permitan aplicar y desarrollar sus habilidades y conocimientos.

Además, el metaverso también tiene el potencial de fomentar la colaboración entre la sociedad civil, los gobiernos y las empresas. Por ejemplo, las comunidades pueden utilizar el metaverso para debatir y trabajar en soluciones para problemas sociales y medioambientales, y las empresas pueden utilizar el metaverso para crear y desarrollar productos y servicios de forma colaborativa con sus clientes.

En resumen, el metaverso tiene un gran potencial para transformar la forma en que colaboramos y co-creamos en línea, permitiendo una mayor conectividad y colaboración en tiempo real.

Los desafíos y riesgos asociados con la creación de mundos virtuales complejos y la necesidad de establecer medidas de seguridad y privacidad adecuadas para proteger a los usuarios.

Si bien el metaverso tiene el potencial de transformar muchos aspectos de nuestra vida, también hay desafíos y riesgos asociados con la creación de mundos virtuales complejos y la necesidad de establecer medidas de seguridad y privacidad adecuadas para proteger a los usuarios.

Uno de los principales desafíos es garantizar que los mundos virtuales sean seguros y estables. Como hemos visto en el pasado, los problemas técnicos o las vulnerabilidades pueden poner en peligro la seguridad de los usuarios, y la creación de mundos virtuales más complejos y avanzados solo aumenta la probabilidad de que ocurran estos problemas. Es importante que los creadores del metaverso trabajen en estrecha colaboración con expertos en seguridad y privacidad para garantizar que los usuarios estén protegidos de amenazas como el robo de identidad, el acoso y el ciberacoso.

Además, también hay preocupaciones sobre la privacidad de los datos de los usuarios. A medida que los mundos virtuales se vuelven más avanzados, es probable que los usuarios proporcionen más información personal para personalizar sus experiencias. Es importante que los creadores del metaverso establezcan medidas de privacidad adecuadas y transparentes para garantizar que los usuarios estén informados y tengan control sobre cómo se utiliza su información.

Otro desafío importante es asegurarse de que el metaverso sea inclusivo y accesible para todos los usuarios. Si bien el metaverso tiene el potencial de mejorar la conectividad y la accesibilidad, también existe el riesgo de que se produzcan nuevas formas de exclusión digital y social. Por ejemplo, los usuarios con discapacidades físicas o cognitivas pueden tener dificultades para navegar en los mundos virtuales, y aquellos que no tienen acceso a tecnologías avanzadas pueden quedar excluidos de ciertas experiencias en línea. Es importante que los creadores del metaverso trabajen para garantizar que sus plataformas sean inclusivas y accesibles para todos.

En resumen, el metaverso presenta una gran cantidad de oportunidades emocionantes para transformar nuestras vidas, pero también presenta desafíos y riesgos importantes que deben ser abordados. Con una atención cuidadosa y una planificación adecuada, el metaverso puede convertirse en una herramienta poderosa para mejorar la conectividad, la colaboración y la accesibilidad en todo el mundo.

Las implicaciones éticas y sociales de la creación de mundos virtuales, incluyendo la responsabilidad de los creadores y usuarios para crear y mantener comunidades virtuales saludables y positivas.

El desarrollo del metaverso también plantea importantes preguntas éticas y sociales que deben abordarse. En primer lugar, la creación y el mantenimiento de un mundo virtual saludable y positivo dependen tanto de los creadores como de los usuarios. Los creadores deben asumir la responsabilidad de crear entornos virtuales éticos y justos, establecer límites claros para el comportamiento de los usuarios y trabajar para prevenir el acoso y la discriminación.

Además, los usuarios también tienen un papel importante que desempeñar en la creación de comunidades virtuales saludables. Deben seguir las reglas y los límites establecidos por los creadores y trabajar juntos para fomentar un entorno virtual positivo y colaborativo.

Otro desafío ético es la cuestión de la privacidad y la seguridad en el metaverso. Dado que los mundos virtuales se basan en la recopilación y el uso de datos de los usuarios, es importante establecer medidas de seguridad y privacidad adecuadas para proteger a los usuarios de la explotación y el abuso de datos.

Finalmente, el metaverso también plantea preguntas sobre la naturaleza de la realidad y la identidad. A medida que los mundos virtuales se vuelven más avanzados y realistas, es posible que los usuarios se sientan cada vez más conectados y comprometidos con sus identidades virtuales. Esto plantea preguntas sobre cómo se relaciona la identidad virtual con la identidad real, y cómo el metaverso podría afectar nuestra comprensión de la realidad y de nosotros mismos.

Cómo el metaverso podría cambiar nuestra percepción de la realidad y la forma en que nos relacionamos con el mundo físico y virtual.

El metaverso tiene el potencial de cambiar nuestra percepción de la realidad al permitir que los usuarios interactúen con mundos virtuales que se asemejan cada vez más al mundo físico. Al entrar en un metaverso, los usuarios pueden experimentar la sensación de estar en un espacio real, pero con la libertad de alterar y cambiar su entorno a su antojo.

Esto puede tener implicaciones importantes en la forma en que nos relacionamos con el mundo físico y virtual. Por ejemplo, el metaverso podría alterar la forma en que trabajamos, socializamos y consumimos, lo que tendría un impacto en la economía global y en nuestras vidas cotidianas.

Además, el metaverso podría desafiar la forma en que percibimos la realidad y la verdad. Los mundos virtuales pueden crear experiencias y situaciones que no existen en el mundo físico, lo que plantea preguntas sobre cómo determinamos lo que es real y lo que no lo es. También puede plantear preguntas sobre la identidad y el autoconcepto, ya que los usuarios pueden experimentar el mundo virtual de formas que difieren de su experiencia en el mundo físico.

Es importante considerar estas implicaciones a medida que el metaverso se convierte en una parte cada vez más importante de nuestras vidas. Se necesitan políticas y regulaciones adecuadas para abordar estos desafíos éticos y sociales, al tiempo que se permite la innovación y el desarrollo tecnológico.

La importancia de la colaboración y el diálogo interdisciplinario en la creación de mundos virtuales que sean seguros, accesibles y beneficiosos para todos los usuarios.

La creación de un metaverso seguro, accesible y beneficioso para todos los usuarios es un desafío complejo que requiere la colaboración y el diálogo interdisciplinario de expertos en tecnología, ética, seguridad, psicología y muchas otras áreas.

La colaboración interdisciplinaria es esencial para garantizar que se aborden adecuadamente los muchos desafíos y riesgos asociados con la creación de mundos virtuales complejos. La privacidad, la seguridad y la protección de los derechos de los usuarios son temas críticos que deben abordarse desde el inicio del proceso de creación del metaverso.

Además, la creación de mundos virtuales saludables y positivos también depende de la colaboración entre creadores y usuarios. Es importante que los usuarios participen activamente en la creación y mantenimiento de comunidades virtuales seguras y positivas.

La inclusión y la accesibilidad también son áreas críticas en las que la colaboración interdisciplinaria puede ser especialmente valiosa. Al trabajar juntos, los expertos pueden diseñar mundos virtuales que sean accesibles y beneficiosos para todas las personas, independientemente de su ubicación, capacidad o nivel de habilidad.

En resumen, la colaboración y el diálogo interdisciplinario son esenciales para garantizar que el metaverso se desarrolle de manera responsable y beneficie a todos los usuarios. Al trabajar juntos, los expertos pueden abordar los muchos desafíos y riesgos asociados con la creación de mundos virtuales complejos y diseñar un metaverso seguro, accesible y beneficioso para todos.

Capítulo 4

¿Cómo funciona el metaverso?

Definición y elementos del metaverso: explicación detallada de los elementos y tecnologías que componen el metaverso, incluyendo la realidad virtual, la realidad aumentada, la inteligencia artificial, el blockchain y otros componentes esenciales.

El metaverso es un mundo virtual en línea en el que los usuarios pueden interactuar entre sí y con objetos y entornos virtuales en tiempo real. Para crear esta experiencia, se requiere una combinación de tecnologías que incluyen la realidad virtual (RV), la realidad aumentada (RA), la inteligencia artificial (IA), el blockchain y otros componentes esenciales.

La realidad virtual es una tecnología que utiliza dispositivos como gafas de RV para sumergir al usuario en un mundo virtual tridimensional. Esto se logra mediante la creación de una simulación de un entorno en 3D que se muestra en las gafas de RV, y el seguimiento del movimiento de la cabeza y los ojos del usuario para actualizar la imagen en tiempo real.

La realidad aumentada, por otro lado, combina elementos virtuales con el mundo real para crear una experiencia mixta. Esto se logra mediante el uso de dispositivos como teléfonos móviles y tabletas que tienen cámaras y pantallas, permitiendo a los usuarios ver una versión aumentada de la realidad que les rodea. Por ejemplo, al apuntar la cámara de un teléfono a una mesa, la RA puede agregar elementos virtuales, como objetos tridimensionales y texto, a la imagen en tiempo real.

La inteligencia artificial es un elemento crucial en la creación de mundos virtuales complejos en el metaverso. Se utiliza para crear personajes no jugables (NPCs) y objetos que pueden interactuar con los usuarios y responder a sus acciones de manera realista. También se utiliza para crear entornos generados procedimentalmente que se adaptan a las acciones de los usuarios en tiempo real.

El blockchain es otra tecnología importante en el metaverso, ya que se utiliza para proporcionar un registro seguro y transparente de las transacciones y activos virtuales. Esto permite a los usuarios comprar y vender activos virtuales, como criptomonedas y objetos digitales, de manera segura y sin necesidad de un intermediario.

En resumen, el metaverso es un mundo virtual complejo que se crea mediante la combinación de tecnologías como la realidad virtual, la realidad aumentada, la inteligencia artificial, el blockchain y otros componentes esenciales. Estos elementos trabajan juntos para crear una experiencia de usuario inmersiva y en tiempo real en la que los usuarios pueden interactuar entre sí y con objetos y entornos virtuales de manera similar a como lo hacen en el mundo físico.

Arquitectura y diseño del metaverso: descripción de la estructura del metaverso y cómo se organiza y se diseña para crear experiencias virtuales inmersivas y coherentes.

La arquitectura y el diseño del metaverso son fundamentales para crear experiencias virtuales coherentes y atractivas para los usuarios. La estructura del metaverso se basa en una serie de capas, cada una de las cuales proporciona una funcionalidad específica.

En la capa más básica, se encuentra la infraestructura de red que permite la comunicación entre los usuarios y el servidor que aloja el metaverso. Esta capa incluye tecnologías como la fibra óptica, el 5G y el Wi-Fi de alta velocidad, que permiten a los usuarios conectarse y moverse por el metaverso sin interrupciones.

La capa siguiente es la plataforma de software que proporciona la base tecnológica para la creación y el funcionamiento del metaverso. Esta plataforma incluye tecnologías como Unity, Unreal Engine y otras herramientas de desarrollo de juegos y aplicaciones, así como lenguajes de programación como Python, JavaScript y C++.

La capa de contenido es la que proporciona los objetos y entornos virtuales que los usuarios pueden explorar y experimentar en el metaverso. Esta capa incluye una amplia variedad de elementos, como modelos 3D, texturas, animaciones y efectos de sonido.

La capa de interacción y comunicación es la que permite a los usuarios interactuar con el metaverso y con otros usuarios en tiempo real. Esta capa incluye herramientas de chat y de voz, así como gestos y movimientos que permiten a los usuarios expresarse y comunicarse de manera natural.

Por último, la capa de gobernanza y seguridad es la que se encarga de garantizar que el metaverso sea seguro y que cumpla con las normas y regulaciones. Esta capa incluye tecnologías como el blockchain, que se utiliza para mantener registros seguros y transparentes de las transacciones y la propiedad de los activos virtuales.

En cuanto al diseño del metaverso, se basa en la creación de un mundo virtual inmersivo que se sienta coherente y realista para los usuarios. Esto implica la creación de objetos y entornos virtuales que sean detallados y precisos, con animaciones y efectos de sonido que creen una experiencia auténtica para el usuario.

Además, el diseño del metaverso también implica la creación de una interfaz de usuario intuitiva que permita a los usuarios navegar y interactuar con el mundo virtual de manera natural y fácil. Esto puede incluir gestos y movimientos que sean familiares para los usuarios, así como la integración de tecnologías como la realidad virtual y la realidad aumentada para proporcionar una experiencia más inmersiva.

En resumen, el diseño y la arquitectura del metaverso son fundamentales para crear una experiencia virtual coherente y atractiva para los usuarios. Esto implica la creación de una infraestructura de red sólida, una plataforma de software robusta y un contenido detallado y preciso, así como herramientas de interacción y comunicación intuitivas y seguras.

Interacción y control del usuario: cómo los usuarios interactúan con el metaverso y controlan sus experiencias virtuales, incluyendo los dispositivos de entrada, el movimiento y la interacción con otros usuarios y objetos virtuales.

En el metaverso, la interacción y el control del usuario son elementos clave que permiten a los usuarios interactuar con el mundo virtual y controlar su experiencia. Para hacerlo posible, se utilizan diversos dispositivos de entrada y técnicas de interacción que varían según la plataforma del metaverso y los dispositivos de los usuarios.

Algunos dispositivos de entrada comunes utilizados en el metaverso incluyen controladores de movimiento, como los controladores de realidad virtual que permiten a los usuarios interactuar con el mundo virtual mediante gestos y movimientos físicos. También se pueden utilizar dispositivos de seguimiento de movimiento, como cámaras de seguimiento y sensores de movimiento, para capturar los movimientos del cuerpo y la posición del usuario y traducirlos en acciones en el mundo virtual.

La interacción con otros usuarios y objetos virtuales también es un aspecto importante del metaverso. Los usuarios pueden interactuar con otros usuarios a través de chats de voz y texto, y también pueden participar en actividades colaborativas y juegos en línea. Para interactuar con objetos virtuales, los usuarios pueden utilizar técnicas de apuntado y clic, gestos de mano y controladores de movimiento.

Además de los dispositivos de entrada y las técnicas de interacción, el control del usuario también es fundamental en el metaverso. Los usuarios pueden controlar su posición y movimiento en el mundo virtual, cambiar la apariencia de su avatar y personalizar su experiencia virtual. También pueden controlar la privacidad y la seguridad de su experiencia virtual mediante configuraciones y opciones de privacidad.

En general, la interacción y el control del usuario son elementos clave que permiten a los usuarios experimentar el metaverso de manera inmersiva y personalizada. Con la evolución de la tecnología, se espera que los dispositivos de entrada y las técnicas de interacción se vuelvan aún más sofisticados y naturales, lo que permitirá una experiencia más realista y satisfactoria en el metaverso.

Cómo se crea contenido en el metaverso: cómo se crea y se desarrolla contenido para el metaverso, incluyendo la creación de avatares, objetos y entornos virtuales.

La creación de contenido es una parte esencial del metaverso, ya que es lo que permite a los usuarios explorar y experimentar en este mundo virtual. La creación de contenido puede ser realizada tanto por individuos como por empresas, y hay varias herramientas y plataformas disponibles para hacerlo.

Una de las primeras etapas en la creación de contenido es la creación de avatares. Los avatares son representaciones virtuales de los usuarios que pueden personalizarse con diferentes características, como la apariencia, la ropa y el comportamiento. Los avatares son esenciales para la interacción social en el metaverso, ya que permiten a los usuarios comunicarse y colaborar con otros usuarios.

Una vez que se han creado los avatares, los usuarios pueden empezar a crear objetos y entornos virtuales. La creación de objetos se realiza a través de herramientas de modelado 3D, que permiten a los usuarios crear objetos complejos a partir de formas básicas como cubos y esferas. Los objetos pueden tener diferentes propiedades, como la textura, el tamaño y la capacidad de interactuar con otros objetos.

La creación de entornos virtuales es una tarea más compleja que la creación de objetos individuales, ya que requiere la construcción de un espacio completo que los usuarios puedan explorar y interactuar. Los entornos virtuales pueden variar en tamaño y complejidad, desde pequeñas salas de reuniones hasta grandes paisajes interactivos.

Una vez que se han creado los objetos y los entornos virtuales, se pueden combinar para crear experiencias más completas en el metaverso. Estas experiencias pueden incluir juegos, simulaciones, eventos en vivo y mucho más. Los creadores de contenido pueden distribuir sus experiencias a través de diferentes plataformas de metaverso, como Second Life, Decentraland y Somnium Space, entre otras.

En resumen, la creación de contenido es un aspecto esencial del metaverso, ya que permite a los usuarios explorar y experimentar en este mundo virtual. La creación de avatares, objetos y entornos virtuales es un proceso complejo que requiere habilidades y herramientas especializadas, pero también ofrece oportunidades emocionantes para la creatividad y la innovación en el mundo digital.

Cómo se integran los diferentes componentes del metaverso: cómo los diferentes elementos y tecnologías del metaverso se integran para crear experiencias virtuales fluidas y coherentes.

La integración de los diferentes componentes del metaverso es esencial para crear experiencias virtuales inmersivas y coherentes. Los mundos virtuales están compuestos de varios elementos que deben funcionar en conjunto para ofrecer una experiencia de usuario satisfactoria.

La realidad virtual y la realidad aumentada son tecnologías clave en la creación de mundos virtuales inmersivos. La realidad virtual utiliza dispositivos como cascos y guantes de datos para permitir a los usuarios sumergirse completamente en entornos virtuales. Por otro lado, la realidad aumentada utiliza cámaras y pantallas para superponer elementos virtuales sobre el mundo físico. Ambas tecnologías son importantes en la creación de mundos virtuales, ya que proporcionan la interacción y la inmersión que los usuarios buscan.

La inteligencia artificial también es un componente importante del metaverso. Los sistemas de IA pueden utilizarse para crear personajes no jugadores (NPCs), proporcionar interacciones más realistas y personalizadas, y ayudar en la creación de mundos virtuales dinámicos y cambiantes.

El blockchain y otras tecnologías de registro distribuido pueden utilizarse para crear una economía virtual en el metaverso. Los tokens y monedas virtuales pueden utilizarse para comprar y vender bienes virtuales, lo que permite a los usuarios participar en una economía virtual.

La integración de estos diferentes componentes se realiza a través de plataformas de metaverso. Las plataformas de metaverso proporcionan la infraestructura necesaria para crear y alojar mundos virtuales. Los desarrolladores pueden utilizar estas plataformas para construir mundos virtuales y los usuarios pueden utilizarlas para interactuar con ellos.

En resumen, la integración de los diferentes componentes del metaverso es esencial para crear una experiencia virtual coherente e inmersiva. La realidad virtual, la realidad aumentada, la inteligencia artificial, el blockchain y otras tecnologías deben integrarse cuidadosamente para proporcionar una experiencia de usuario satisfactoria. Las plataformas de metaverso proporcionan la infraestructura necesaria para que esto suceda.

Cómo se gestiona el metaverso: cómo se gestiona y se mantiene el metaverso para garantizar su seguridad, escalabilidad y accesibilidad para todos los usuarios.

La gestión y el mantenimiento del metaverso son aspectos críticos para garantizar su éxito a largo plazo y su capacidad para ofrecer experiencias virtuales seguras, escalables y accesibles para todos los usuarios. Algunos de los aspectos clave de la gestión del metaverso incluyen:

Seguridad: La seguridad es una de las principales preocupaciones en cualquier plataforma en línea, y el metaverso no es una excepción. Los desarrolladores del metaverso deben implementar medidas de seguridad robustas para proteger a los usuarios contra el acoso, la violación de la privacidad, el robo de identidad y otros riesgos de seguridad en línea. Esto puede incluir la implementación de herramientas de moderación de contenido, la validación de la identidad de los usuarios y la encriptación de datos.

Escalabilidad: El metaverso debe ser escalable para poder manejar grandes cantidades de usuarios y contenido sin comprometer la calidad de la experiencia virtual. Esto requiere una infraestructura tecnológica sólida que pueda manejar el tráfico y la demanda de manera efectiva.

Accesibilidad: La accesibilidad es importante para garantizar que el metaverso sea accesible para todas las personas, independientemente de su ubicación geográfica, habilidades físicas o discapacidades. Esto puede incluir la implementación de herramientas de accesibilidad como lectores de pantalla, subtítulos y opciones de navegación alternativas.

Mantenimiento y actualizaciones: El metaverso debe mantenerse y actualizarse regularmente para garantizar que continúe funcionando sin problemas y se adapte a las necesidades cambiantes de los usuarios. Esto puede incluir la solución de errores, la mejora del rendimiento y la implementación de nuevas funciones y características.

Comunidad: La gestión del metaverso también debe fomentar una comunidad saludable y positiva en la que los usuarios se sientan seguros, respetados y bienvenidos. Esto puede incluir la promoción de normas de conducta apropiadas, la implementación de herramientas de moderación de contenido y la creación de espacios seguros para grupos específicos de usuarios.

En resumen, la gestión del metaverso es un aspecto crítico para garantizar que el metaverso sea seguro, escalable y accesible para todos los usuarios. Al implementar medidas de seguridad sólidas, fomentar una comunidad saludable y positiva, y mantener el metaverso actualizado y escalable, se puede asegurar que el metaverso continúe evolucionando y ofreciendo experiencias virtuales innovadoras y transformadoras.

Cómo se financia el metaverso: cómo se financia el desarrollo y la expansión del metaverso, incluyendo los modelos de negocio y las fuentes de financiación que impulsan su crecimiento.

El desarrollo y la expansión del metaverso requieren una inversión significativa de recursos, desde la investigación y el desarrollo hasta la infraestructura y el personal necesario para gestionar y mantener el sistema. Por lo tanto, es importante comprender cómo se financia el metaverso y qué modelos de negocio existen para mantener su crecimiento.

Una forma en que se financia el metaverso es a través de la inversión privada de capital de riesgo. Los inversores pueden proporcionar financiación a empresas y desarrolladores que trabajan en el metaverso a cambio de una participación en la propiedad o futuros ingresos. Además, algunas empresas han creado sus propias plataformas de metaverso y financian su desarrollo a través de la venta de bienes virtuales y servicios, como la publicidad en línea y la venta de monedas virtuales.

Otro modelo de negocio para el metaverso es el uso de criptomonedas y la tecnología blockchain. Algunos desarrolladores han utilizado criptomonedas como fuente de financiación para el desarrollo de sus plataformas de metaverso, mientras que otros han utilizado la tecnología blockchain para crear sistemas de propiedad y gestión descentralizados.

También es importante destacar que algunos gobiernos y organizaciones sin fines de lucro han invertido en la creación de metaversos con el objetivo de mejorar la educación, la accesibilidad y la inclusión. En estos casos, el financiamiento puede provenir de fondos gubernamentales o donaciones privadas.

En resumen, el metaverso se financia de diversas maneras, incluyendo la inversión privada, la venta de bienes y servicios virtuales, el uso de criptomonedas y el financiamiento gubernamental o de organizaciones sin fines de lucro. A medida que el metaverso continúe evolucionando, es probable que surjan nuevos modelos de negocio y fuentes de financiamiento para impulsar su crecimiento y desarrollo.

Capítulo 5

Tecnologías clave:

Realidad virtual, Realidad aumentada, blockchain, etc.

Realidad virtual (VR): En qué consiste la realidad virtual y cómo se utiliza en el metaverso para crear experiencias inmersivas y realistas.

La realidad virtual (RV) es una tecnología que permite a los usuarios sumergirse en un entorno virtual generado por computadora, lo que les permite experimentar y manipular objetos y situaciones en un espacio tridimensional. La RV se logra mediante el uso de auriculares y otros dispositivos de entrada, como guantes, controles de movimiento y sensores, que permiten al usuario interactuar con el mundo virtual de una manera más intuitiva y natural.

En el contexto del metaverso, la RV es una tecnología clave para crear experiencias inmersivas y realistas que permitan a los usuarios sentir como si estuvieran en un mundo virtual. Los entornos virtuales pueden ser tan detallados y realistas como los creadores quieran, desde recreaciones de ciudades reales hasta paisajes imaginarios o futuristas.

El objetivo de la RV en el metaverso es proporcionar una experiencia de usuario completamente envolvente, donde los usuarios puedan interactuar con otros usuarios y objetos virtuales de una manera que sea lo más cercana posible a la realidad. La RV permite a los usuarios experimentar sensaciones visuales, auditivas y táctiles que les hacen sentir como si estuvieran realmente en el mundo virtual.

Para crear una experiencia de RV inmersiva, los desarrolladores de metaversos utilizan una variedad de técnicas y herramientas, como gráficos 3D, animaciones, efectos de sonido y algoritmos de física para simular el comportamiento realista de objetos y entornos virtuales.

La RV también se utiliza para permitir a los usuarios interactuar con otros usuarios y avatares de una manera más natural y realista. Los avatares pueden ser personalizados para representar a los usuarios de una manera que sea más cercana a su apariencia y personalidad en la vida real. Los usuarios pueden moverse libremente en un espacio virtual utilizando dispositivos de entrada que se sincronizan con los movimientos de los avatares.

En resumen, la realidad virtual es una tecnología clave en el metaverso, ya que permite a los usuarios experimentar y manipular un mundo virtual de una manera completamente inmersiva y realista. La RV es una herramienta fundamental para crear una experiencia de usuario envolvente que permita a los usuarios interactuar con otros usuarios y objetos virtuales de una manera más natural y realista.

Realidad aumentada (AR): definicion de realidad aumentada y cómo se utiliza en el metaverso para superponer objetos virtuales sobre el mundo real, lo que permite a los usuarios interactuar con ellos de manera más natural.

La realidad aumentada (AR) es una tecnología que superpone elementos virtuales, como imágenes, videos o modelos 3D, sobre el mundo real a través de dispositivos tecnológicos como smartphones, tablets o gafas de realidad aumentada. Esto permite a los usuarios ver y experimentar la realidad con objetos digitales interactivos superpuestos, lo que proporciona una experiencia más inmersiva.

En el contexto del metaverso, la realidad aumentada se utiliza para crear experiencias más interactivas y realistas al permitir que los usuarios interactúen con objetos digitales superpuestos en el mundo real. Por ejemplo, los usuarios pueden ver un objeto virtual en una ubicación real, como una mesa o una pared, y pueden interactuar con él a través de sus dispositivos de AR, como tocando la pantalla para cambiar la orientación del objeto o seleccionando diferentes opciones para interactuar con él. La realidad aumentada también se utiliza en el metaverso para crear avatares virtuales que pueden interactuar con el mundo real y con otros avatares en el mundo virtual, lo que aumenta la sensación de inmersión para los usuarios.

En general, la realidad aumentada se utiliza en el metaverso para superponer elementos digitales sobre el mundo real, lo que permite a los usuarios experimentar la realidad de una manera más interactiva y envolvente. La tecnología ha evolucionado significativamente en los últimos años y se espera que siga mejorando y expandiéndose para ofrecer experiencias aún más inmersivas en el metaverso y en otros contextos.

Blockchain: en qué consiste la tecnología blockchain y cómo se puede utilizar en el metaverso para garantizar la seguridad, la transparencia y la descentralización en las transacciones económicas y la gestión de activos virtuales.

La tecnología blockchain es un registro distribuido y descentralizado de transacciones que se utiliza para registrar y verificar transacciones económicas de manera segura y transparente. En lugar de tener un solo servidor centralizado que almacene y gestione la información, la tecnología blockchain permite a los usuarios almacenar y compartir datos en una red descentralizada.

En el contexto del metaverso, la tecnología blockchain puede ser utilizada para garantizar la seguridad, la transparencia y la descentralización en las transacciones económicas y la gestión de activos virtuales. Por ejemplo, los usuarios pueden comprar, vender y comercializar activos virtuales como bienes raíces, objetos virtuales y criptomonedas dentro del metaverso utilizando la tecnología blockchain. Las transacciones se registran en un registro descentralizado y se pueden verificar públicamente, lo que garantiza la transparencia y reduce el riesgo de fraude.

Además, la tecnología blockchain también puede ser utilizada para la gestión de identidad y la protección de datos personales en el metaverso. Los usuarios pueden mantener el control de su propia información personal y compartir selectivamente su información con otros usuarios o aplicaciones en el metaverso utilizando contratos inteligentes basados en blockchain.

En resumen, la tecnología blockchain puede ser utilizada en el metaverso para proporcionar seguridad, transparencia y descentralización en las transacciones económicas y la gestión de activos virtuales, así como para proteger la identidad y la privacidad de los usuarios.

Inteligencia artificial (IA): cómo la inteligencia artificial puede utilizarse en el metaverso para crear personajes y entornos virtuales más realistas e interactuar con los usuarios de manera más natural.

La inteligencia artificial (IA) se refiere a la capacidad de las computadoras y sistemas para realizar tareas que normalmente requieren inteligencia humana, como el aprendizaje, la resolución de problemas y la toma de decisiones. En el contexto del metaverso, la IA se puede utilizar para crear personajes y entornos virtuales más realistas y para permitir interacciones más naturales con los usuarios.

Por ejemplo, la IA se puede utilizar para crear personajes no jugables (PNJ) que interactúen con los usuarios de manera más realista y dinámica. En lugar de simplemente seguir un guion predefinido, los PNJ pueden utilizar la IA para aprender de las interacciones con los usuarios y adaptarse a las situaciones cambiantes. Esto puede hacer que las interacciones con los PNJ sean más emocionantes y realistas para los usuarios.

La IA también se puede utilizar para crear entornos virtuales más realistas. Por ejemplo, se puede utilizar para simular el comportamiento del clima, la vegetación y la vida silvestre en un entorno virtual. Esto puede hacer que el entorno virtual se sienta más auténtico y permitir a los usuarios experimentar el entorno de una manera más inmersiva.

Además, la IA también puede utilizarse para mejorar la seguridad en el metaverso. Por ejemplo, se pueden utilizar algoritmos de aprendizaje automático para detectar comportamientos malintencionados, como el fraude o el acoso, y para tomar medidas preventivas en consecuencia.

En resumen, la IA puede ser una herramienta poderosa para mejorar la experiencia de los usuarios en el metaverso al crear personajes y entornos más realistas e interacciones más naturales, al mismo tiempo que se mejora la seguridad y la protección de los usuarios.

Redes y conectividad: cómo las redes y la conectividad son fundamentales para el funcionamiento del metaverso, permitiendo la interacción de usuarios de todo el mundo en tiempo real.

Las redes y la conectividad son elementos fundamentales para el funcionamiento del metaverso, ya que permiten que los usuarios interactúen en tiempo real en entornos virtuales. La conectividad se refiere a la capacidad de los usuarios para conectarse a través de redes de comunicación, como Internet, y para interactuar con otros usuarios y con los entornos virtuales. La calidad de la conexión es esencial para la experiencia del usuario, ya que una conexión lenta o intermitente puede afectar negativamente la calidad de la imagen, la velocidad de respuesta y la capacidad de interactuar con otros usuarios.

Además, las redes también son importantes para la transmisión de datos, que incluyen información de ubicación, datos de avatar, información de objetos virtuales, así como interacciones sociales y económicas. Los servidores y la infraestructura de la red del metaverso deben ser lo suficientemente potentes para manejar grandes cantidades de datos y usuarios simultáneos.

En el metaverso, las redes y la conectividad son aún más importantes que en la web tradicional, ya que los usuarios interactúan en tiempo real en entornos virtuales que requieren una mayor capacidad de procesamiento y transmisión de datos. La latencia en la red puede ser especialmente problemática en el metaverso, ya que puede afectar la capacidad del usuario para interactuar con otros usuarios y objetos virtuales en tiempo real. Por lo tanto, los desarrolladores del metaverso deben asegurarse de que las redes y la conectividad estén bien optimizadas para ofrecer la mejor experiencia de usuario posible.

Computación en la nube: cómo la computación en la nube puede utilizarse para almacenar y procesar grandes cantidades de datos en tiempo real, lo que permite la creación de mundos virtuales más complejos y detallados.

La computación en la nube es una tecnología que permite a los usuarios acceder y utilizar recursos informáticos, como almacenamiento, procesamiento y análisis de datos, a través de internet. En el contexto del metaverso, la computación en la nube puede ser utilizada para almacenar y procesar grandes cantidades de datos necesarios para crear y mantener mundos virtuales complejos en tiempo real.

La creación de mundos virtuales complejos y detallados puede requerir una gran cantidad de recursos informáticos, desde la renderización de gráficos hasta la simulación de física y movimiento. Con la computación en la nube, estos recursos pueden ser compartidos y utilizados por diferentes usuarios simultáneamente, permitiendo la creación de experiencias virtuales más detalladas y fluidas.

Además, la computación en la nube puede proporcionar una mayor escalabilidad y flexibilidad en la gestión de los recursos informáticos necesarios para el metaverso. Los proveedores de servicios en la nube pueden ajustar la cantidad de recursos asignados a un determinado mundo virtual en función de la demanda de los usuarios, lo que permite una gestión más eficiente y económica de los recursos.

En resumen, la computación en la nube es una tecnología esencial para la creación y el funcionamiento del metaverso, ya que permite la gestión eficiente de grandes cantidades de datos y recursos informáticos necesarios para crear y mantener mundos virtuales complejos en tiempo real.

Dispositivos de entrada: los diferentes dispositivos de entrada utilizados en el metaverso, como mandos, teclados, joysticks y otros dispositivos de entrada de realidad virtual.

En el metaverso, los usuarios necesitan dispositivos de entrada para interactuar con los mundos virtuales y los objetos que se encuentran en ellos. Estos dispositivos incluyen mandos, teclados, joysticks, gamepads y otros periféricos de entrada que permiten a los usuarios controlar sus avatares y realizar acciones dentro del mundo virtual.

Uno de los dispositivos más comunes para la entrada en el metaverso son los mandos de realidad virtual, que utilizan sensores de movimiento y seguimiento para rastrear los movimientos del usuario y permitir que el avatar del usuario refleje sus movimientos en el mundo virtual. Estos mandos también pueden incluir botones y gatillos para realizar acciones específicas, como recoger objetos virtuales o disparar armas en un juego.

Además de los mandos de realidad virtual, los usuarios también pueden utilizar teclados y ratones para introducir texto y controlar la cámara del avatar, así como gamepads y joysticks para jugar juegos de manera más tradicional. Los dispositivos de entrada pueden ser específicos para ciertos juegos o experiencias, o pueden ser compatibles con una variedad de aplicaciones en el metaverso.

A medida que la tecnología avanza, se están desarrollando nuevos dispositivos de entrada para el metaverso, como guantes de realidad virtual que permiten a los usuarios sentir el tacto de los objetos virtuales y controladores hápticos que generan vibraciones para simular sensaciones táctiles. Estos avances en la tecnología de entrada están permitiendo experiencias virtuales aún más inmersivas y realistas.

Dispositivos de visualización: los diferentes dispositivos de visualización utilizados en el metaverso, como auriculares de realidad virtual y otros dispositivos de visualización.

Los dispositivos de visualización son un componente crítico del metaverso, ya que permiten a los usuarios sumergirse en el mundo virtual y experimentarlo de manera realista. Los dispositivos de visualización más comunes son los auriculares de realidad virtual (VR) que se colocan en la cabeza del usuario y cubren sus ojos. Los auriculares VR contienen pantallas y lentes que muestran imágenes 3D de alta calidad que se ajustan según el movimiento de la cabeza del usuario. Esto crea una sensación de presencia y permite que el usuario sienta como si estuviera realmente en el mundo virtual.

Además de los auriculares VR, también existen otros dispositivos de visualización, como las pantallas holográficas y las paredes de proyección, que permiten a los usuarios ver el mundo virtual en un espacio físico. Estos dispositivos son menos comunes que los auriculares VR, pero pueden ser útiles en ciertas situaciones, como en exhibiciones públicas o en instalaciones de arte.

En general, los dispositivos de visualización son una parte crucial del metaverso, ya que permiten a los usuarios experimentar el mundo virtual de manera inmersiva y realista. La tecnología en constante evolución seguirá permitiendo nuevas formas de visualización, lo que mejorará aún más la experiencia del usuario.

Audio y sonido: describir cómo el audio y el sonido son fundamentales para crear experiencias inmersivas en el metaverso, permitiendo a los usuarios sumergirse en un mundo virtual con sonidos realistas.

El audio y el sonido son elementos clave para crear experiencias inmersivas y realistas en el metaverso. La tecnología de sonido espacial se utiliza para simular la ubicación y la dirección de los sonidos, lo que permite a los usuarios identificar la fuente de los sonidos en un mundo virtual.

Los auriculares de realidad virtual a menudo cuentan con tecnología de sonido espacial incorporada, lo que permite una experiencia de audio envolvente que se adapta a los movimientos y la posición del usuario en el mundo virtual. Además, los altavoces de calidad también pueden ofrecer una experiencia de sonido envolvente para los usuarios que no utilizan auriculares.

La música también juega un papel importante en la creación de un ambiente inmersivo en el metaverso. Muchos mundos virtuales cuentan con bandas sonoras personalizadas que se adaptan al ambiente y la experiencia del usuario. Además, los efectos de sonido realistas, como los sonidos de los motores de los vehículos, los chirridos de las puertas y los sonidos de las multitudes, también ayudan a crear una experiencia auditiva realista y envolvente.

En resumen, el audio y el sonido son componentes esenciales en la creación de experiencias inmersivas y realistas en el metaverso, permitiendo a los usuarios sumergirse en un mundo virtual con sonidos realistas y una banda sonora personalizada.

Sensores y seguimiento: describir los diferentes sensores y tecnologías de seguimiento utilizados en el metaverso para seguir el movimiento y la posición de los usuarios, lo que permite una interacción más natural con el mundo virtual.

En el metaverso, los sensores y tecnologías de seguimiento se utilizan para rastrear los movimientos del cuerpo y la posición de los usuarios en el mundo virtual, lo que permite una interacción más natural con el entorno y otros usuarios virtuales. Los sensores se utilizan para capturar los movimientos y acciones del usuario, que se traducen en el mundo virtual a través de un avatar o personaje virtual.

Existen varios tipos de tecnologías de seguimiento utilizadas en el metaverso, entre las que se incluyen:

Sensores de movimiento: Estos sensores se utilizan para rastrear los movimientos del cuerpo del usuario y traducirlos en acciones del avatar en el mundo virtual. Los sensores pueden ser integrados en guantes, trajes de cuerpo entero, auriculares y otros dispositivos de realidad virtual.

Cámaras: Las cámaras se utilizan para rastrear la posición del usuario en el espacio y detectar los movimientos de la cabeza y el cuerpo. Las cámaras pueden ser colocadas en el entorno virtual o en el espacio físico donde se encuentra el usuario.

Sensores de posición: Los sensores de posición se utilizan para rastrear la posición exacta del usuario en el espacio y detectar cualquier movimiento en tiempo real. Estos sensores pueden ser colocados en el cuerpo del usuario o en el espacio físico donde se encuentra.

Sensores de gestos: Estos sensores se utilizan para detectar gestos específicos del usuario, como movimientos de las manos o de los dedos. Los gestos se pueden utilizar para interactuar con objetos virtuales o para comunicarse con otros usuarios virtuales.

Tecnología de seguimiento ocular: Esta tecnología se utiliza para rastrear los movimientos oculares del usuario, lo que permite la interacción con objetos virtuales mediante la mirada. También puede ser utilizada para mejorar la experiencia de visualización y optimizar la resolución de los gráficos.

Todos estos sensores y tecnologías de seguimiento trabajan juntos para proporcionar una experiencia inmersiva y natural en el metaverso. Además, estas tecnologías también permiten la interacción con otros usuarios virtuales y objetos, lo que crea un entorno de colaboración y comunicación en el mundo virtual.

Capítulo 6

Metaversos existentes:
¿Cuáles son los proyectos de metaverso que ya existen?

Introducción a los metaversos existentes:

En la actualidad, existen varios proyectos de metaversos en diferentes etapas de desarrollo y adopción. Estos proyectos se diferencian en sus objetivos, alcances, características técnicas y modelos de negocio.

Uno de los proyectos de metaverso más conocidos es Second Life, creado en 2003 por la compañía Linden Lab. Second Life fue uno de los primeros mundos virtuales en línea en permitir a los usuarios crear y personalizar sus avatares, interactuar con otros usuarios y construir sus propios objetos y entornos virtuales. Second Life sigue siendo popular entre una comunidad fiel de usuarios y ha evolucionado con el tiempo, incorporando nuevas características y mejoras técnicas.

Otro proyecto de metaverso es High Fidelity, fundado en 2013 por el cofundador de Second Life, Philip Rosedale. High Fidelity se centra en crear un mundo virtual de alta calidad que utiliza la realidad virtual para proporcionar una experiencia inmersiva. High Fidelity utiliza una arquitectura basada en la nube y tecnologías de vanguardia, como la inteligencia artificial, para crear un mundo virtual escalable y colaborativo.

Un proyecto de metaverso emergente es Decentraland, fundado en 2017 por un equipo de desarrolladores y empresarios. Decentraland utiliza la tecnología blockchain para crear un mundo virtual descentralizado, en el que los usuarios pueden poseer y comerciar con parcelas de tierra virtual, así como construir y experimentar con sus propios objetos y entornos virtuales. Decentraland también utiliza una moneda digital, el MANA, como medio de intercambio dentro del mundo virtual.

Otro proyecto de metaverso que ha ganado popularidad recientemente es Roblox, una plataforma de juegos en línea que permite a los usuarios crear y jugar juegos en un mundo virtual compartido. Roblox cuenta con una comunidad de desarrolladores que crean juegos y experiencias en línea que los usuarios pueden disfrutar y compartir. Roblox también ha sido utilizado por empresas y organizaciones para crear experiencias de marca y educativas en línea.

En resumen, existen varios proyectos de metaversos existentes que abordan diferentes enfoques y objetivos. Estos proyectos continúan evolucionando y mejorando, impulsados por la creciente demanda de experiencias virtuales inmersivas y la tecnología cada vez más avanzada disponible para su desarrollo.

Second Life: uno de los primeros metaversos que ganó popularidad a principios de los años 2000.

Second Life es un metaverso en línea lanzado en el año 2003 por la empresa Linden Lab. Fue uno de los primeros mundos virtuales en línea en ganar popularidad, y durante su apogeo en los años 2000, llegó a tener millones de usuarios registrados.

El mundo virtual de Second Life permite a los usuarios crear sus propios avatares, explorar entornos virtuales, interactuar con otros usuarios, comprar y vender bienes virtuales, asistir a eventos virtuales y participar en actividades sociales y culturales en línea.

La economía de Second Life se basa en su propia moneda virtual, el Linden dollar, que se puede cambiar por moneda real en algunos mercados en línea. Los usuarios pueden ganar dinero dentro de Second Life a través de la creación y venta de bienes virtuales, la organización de eventos y la realización de servicios para otros usuarios.

Una de las características únicas de Second Life es su enfoque en la creatividad y la construcción de objetos virtuales. Los usuarios pueden utilizar herramientas de construcción para crear sus propios objetos, edificios y paisajes, y compartirlos con otros usuarios en el mundo virtual.

A lo largo de los años, Second Life ha evolucionado y se ha adaptado a los cambios en la tecnología y las tendencias de los usuarios en línea. Aunque ha perdido algo de su popularidad en los últimos años, sigue siendo uno de los metaversos más antiguos y conocidos que existen.

High Fidelity: un metaverso creado por Philip Rosedale, fundador de Second Life, que utiliza tecnología de realidad virtual y aumentada para permitir una experiencia de usuario más inmersiva.

High Fidelity es un metaverso fundado por Philip Rosedale, creador de Second Life. El proyecto busca combinar tecnología de realidad virtual y aumentada para crear una experiencia de usuario inmersiva y altamente interactiva.

High Fidelity utiliza una arquitectura distribuida y descentralizada que permite a los usuarios crear sus propios servidores y controlar sus propias experiencias de usuario. La plataforma también utiliza la tecnología blockchain para garantizar la seguridad y transparencia en las transacciones económicas y la gestión de activos virtuales.

Una de las características únicas de High Fidelity es su capacidad para soportar una gran cantidad de usuarios en un solo espacio virtual en tiempo real. Los usuarios pueden interactuar entre sí y con objetos virtuales de una manera muy natural, lo que crea una sensación de presencia y participación en un mundo virtual compartido.

Además, High Fidelity también ha desarrollado herramientas para permitir a los usuarios crear sus propios mundos virtuales y objetos personalizados, lo que permite una amplia gama de posibilidades creativas y de entretenimiento. En resumen, High Fidelity es un metaverso innovador que utiliza tecnologías emergentes para crear una experiencia de usuario inmersiva y altamente interactiva.

Sansar: un metaverso creado por Linden Lab, la compañía detrás de Second Life, que combina elementos de realidad virtual y aumentada para crear experiencias de usuario inmersivas y colaborativas.

Sansar es un metaverso desarrollado por Linden Lab, la misma empresa detrás de Second Life. Fue lanzado en 2017 y ha sido diseñado para ofrecer experiencias de realidad virtual y aumentada a los usuarios. Sansar se centra en la colaboración entre usuarios, lo que permite la creación de mundos virtuales compartidos y la realización de eventos en línea.

Una de las características principales de Sansar es su capacidad para ofrecer experiencias de realidad virtual a los usuarios. Los usuarios pueden explorar y interactuar con el mundo virtual mediante el uso de auriculares de realidad virtual, lo que les permite sentir que están realmente presentes en el mundo virtual. Además, también es posible utilizar la versión de escritorio de Sansar sin necesidad de auriculares de realidad virtual.

Otra característica única de Sansar es su enfoque en la creación colaborativa. Los usuarios pueden crear sus propios mundos virtuales y objetos y compartirlos con otros usuarios en la plataforma. También es posible trabajar en proyectos de colaboración con otros usuarios en tiempo real, lo que permite una mayor flexibilidad y creatividad en la creación de contenido en el metaverso.

Sansar ha sido utilizado para una amplia variedad de eventos virtuales, como conciertos en línea, presentaciones teatrales y reuniones de negocios. También ha sido utilizado por empresas para crear exposiciones virtuales y presentaciones de productos. Con una creciente comunidad de usuarios y una plataforma sólida para la colaboración y la creación de contenido, Sansar continúa expandiéndose y mejorando su oferta de experiencias inmersivas en el metaverso.

Decentraland: un metaverso descentralizado que utiliza blockchain para permitir la propiedad y la gestión descentralizada de activos virtuales, como la propiedad de la tierra virtual y la gestión de transacciones económicas.

Decentraland es un metaverso descentralizado que utiliza tecnología blockchain para permitir la propiedad y la gestión descentralizada de activos virtuales, como la propiedad de la tierra virtual y la gestión de transacciones económicas. El proyecto se basa en el concepto de la propiedad virtual, donde los usuarios pueden poseer parcelas de tierra virtual y construir sobre ellas lo que deseen, lo que les da una sensación de propiedad y control en el mundo virtual.

La moneda virtual de Decentraland es el MANA, que se utiliza para comprar tierra virtual y otros activos virtuales en el mercado interno del metaverso. Los usuarios también pueden ganar MANA a través de actividades dentro del metaverso, como eventos, juegos y concursos.

Además, Decentraland utiliza un sistema de gobernanza descentralizado para tomar decisiones sobre la dirección del proyecto, donde los usuarios pueden votar sobre propuestas y cambios en el metaverso utilizando tokens de votación.

Decentraland ofrece una amplia variedad de experiencias virtuales, desde juegos y eventos hasta galerías de arte y tiendas virtuales. Los usuarios pueden interactuar entre sí en tiempo real, lo que fomenta la colaboración y la creatividad en el mundo virtual.

Entropia Universe: un metaverso basado en economía real donde los usuarios pueden comprar y vender activos virtuales con moneda real.

Entropia Universe es un metaverso único en el que los usuarios pueden comprar y vender activos virtuales utilizando dinero real. Fue lanzado en 2003 y es conocido por su economía real y sus características de juego de azar. Los usuarios pueden comprar y vender bienes virtuales, como tierras, edificios, vehículos y armas, utilizando la moneda del juego, el PED (Project Entropia Dollars). Sin embargo, el PED tiene una tasa de cambio fija de 10:1 con el dólar estadounidense, lo que significa que los usuarios pueden convertir su PED en dólares reales y viceversa.

Entropia Universe también es conocido por sus características de juego de azar, como las máquinas tragamonedas y los juegos de póker. Los jugadores pueden ganar PED en estos juegos de azar, que luego pueden ser convertidos en dólares reales. Además, Entropia Universe tiene su propia tarjeta de crédito virtual, la Entropia Universe Debit Card, que permite a los usuarios retirar dinero real de sus cuentas de juego.

El mundo virtual de Entropia Universe es muy detallado y realista, con una gran variedad de entornos, desde ciudades futuristas hasta paisajes naturales. También hay una gran variedad de actividades disponibles para los usuarios, como la minería, la caza, la artesanía y la exploración.

Somnium Space: un metaverso creado por Somnium Space, que utiliza tecnología de realidad virtual para crear un mundo virtual inmersivo y colaborativo.

Somnium Space es un metaverso que utiliza tecnología de realidad virtual para crear un mundo virtual inmersivo y colaborativo. Los usuarios pueden explorar el mundo virtual, interactuar con otros usuarios, crear y comprar bienes virtuales, participar en juegos y eventos, y más.

Lo que hace que Somnium Space sea único es su enfoque en la propiedad de la tierra virtual. Los usuarios pueden comprar y poseer parcelas de tierra virtual en el mundo de Somnium Space, lo que les permite construir y personalizar sus propios espacios virtuales. Los usuarios también pueden vender o alquilar sus parcelas de tierra virtual a otros usuarios.

Además, Somnium Space tiene una economía virtual donde los usuarios pueden comprar y vender bienes virtuales utilizando la criptomoneda Ethereum. Los usuarios también pueden ganar tokens de Somnium, la moneda virtual de Somnium Space, al participar en juegos y eventos en el mundo virtual.

Somnium Space también ofrece soporte para dispositivos de realidad virtual, lo que permite a los usuarios explorar el mundo virtual en una experiencia más inmersiva.

Minecraft: una breve descripción de cómo Minecraft puede considerarse un tipo de metaverso debido a la capacidad de los usuarios para crear y explorar mundos virtuales interactivos.

Minecraft es un juego de video en línea que permite a los usuarios crear y explorar mundos virtuales. Aunque Minecraft no es típicamente considerado un metaverso, se puede argumentar que en realidad sí lo es. A través del juego, los usuarios pueden crear y personalizar su propio mundo virtual utilizando bloques de construcción que representan diferentes tipos de materiales, como tierra, roca, madera, agua, lava, entre otros.

Minecraft permite a los usuarios interactuar y colaborar con otros jugadores en línea para construir y explorar juntos en tiempo real. Los usuarios pueden conectarse a servidores para jugar con otros jugadores de todo el mundo y colaborar en la creación de mundos virtuales más grandes y complejos.

Además, Minecraft también cuenta con una gran comunidad de modders y desarrolladores que han creado mods y herramientas personalizadas para el juego que pueden extender aún más las posibilidades del mundo virtual. Estos mods pueden agregar nuevas características y funcionalidades, como nuevos bloques, herramientas y animales, o incluso cambios en la física y la mecánica del juego.

En resumen, aunque Minecraft puede no ser considerado un metaverso en el sentido tradicional del término, comparte muchas de las características fundamentales de un metaverso, incluyendo la capacidad de crear y explorar mundos virtuales interactivos en línea con otros usuarios de todo el mundo.

Otros metaversos emergentes: una discusión sobre otros metaversos emergentes, como The Sandbox y Roblox, y cómo están utilizando diferentes tecnologías para crear experiencias de usuario únicas.

Además de los metaversos mencionados anteriormente, existen otros proyectos emergentes que están ganando popularidad y podrían tener un papel importante en el futuro del metaverso.

Uno de estos es The Sandbox, un metaverso basado en blockchain que permite a los usuarios comprar y vender terrenos virtuales, crear objetos y experiencias, y monetizar sus creaciones. Utiliza tecnología de realidad virtual y aumentada para crear un mundo virtual inmersivo y colaborativo. The Sandbox también ha establecido asociaciones con marcas reconocidas como Atari y The Walking Dead para crear contenido exclusivo dentro del metaverso.

Otro metaverso emergente es Roblox, que se centra en la creación y el juego de videojuegos. Los usuarios pueden crear sus propios juegos y experiencias y compartirlos con otros usuarios en la plataforma. También cuenta con una economía virtual donde los usuarios pueden comprar y vender objetos virtuales. Roblox se ha vuelto especialmente popular entre los niños y adolescentes debido a la facilidad de uso y la variedad de juegos disponibles.

Estos metaversos emergentes, junto con otros proyectos en desarrollo, están demostrando que el metaverso es una tecnología en constante evolución con un gran potencial para crear nuevas formas de interacción social, entretenimiento y economía virtual.

Capítulo 7

¿Quiénes están trabajando en el metaverso?

Introducción a las empresas y organizaciones que están trabajando en el metaverso.

En este capítulo se explorarán algunas de las empresas y organizaciones que están trabajando en el metaverso. Desde gigantes tecnológicos hasta startups innovadoras, la lista de actores en este espacio es diversa y en constante evolución. A continuación, se presentan algunas de las empresas y organizaciones más destacadas que están trabajando en el metaverso.

Una de las empresas más conocidas en este espacio es Facebook, que ha estado invirtiendo en realidad virtual y aumentada durante varios años y recientemente anunció su intención de transformarse en una "compañía metaverso". También ha lanzado Oculus, una plataforma de realidad virtual que permite a los usuarios explorar mundos virtuales y conectarse con amigos.

Otra empresa que ha estado trabajando en el metaverso es Epic Games, creadora del popular juego Fortnite. Epic ha estado invirtiendo en tecnologías de realidad virtual y aumentada, y ha desarrollado su propia plataforma de mundo virtual llamada

"MetaHuman Creator", que permite a los usuarios crear personajes virtuales realistas.

Microsoft también ha estado trabajando en el metaverso a través de su plataforma de realidad mixta Windows Mixed Reality y su plataforma de juego Xbox. Además, ha lanzado Mesh, una plataforma de colaboración en realidad mixta que permite a los usuarios interactuar en mundos virtuales y compartir experiencias en tiempo real.

Otra empresa importante en este espacio es Roblox, una plataforma de juegos en línea que permite a los usuarios crear y explorar mundos virtuales. La plataforma ha experimentado un crecimiento significativo en popularidad en los últimos años y ha sido valorada en varios miles de millones de dólares.

Además de estas empresas, hay muchas otras startups innovadoras que están trabajando en el metaverso. Estas incluyen empresas como Somnium Space, que ha creado su propia plataforma de mundo virtual en realidad virtual, y The Sandbox, que está utilizando blockchain para permitir la propiedad y la gestión descentralizada de activos virtuales.

En general, el espacio del metaverso está en constante evolución y hay una amplia gama de empresas y organizaciones que están trabajando en él. Desde gigantes tecnológicos hasta startups innovadoras, el metaverso ofrece una oportunidad emocionante para la innovación y la exploración de nuevas formas de interacción humana y tecnológica.

Grandes empresas de tecnología como Facebook, Google, Microsoft y Apple y su interés en el metaverso.

Las grandes empresas de tecnología como Facebook, Google, Microsoft y Apple están invirtiendo recursos significativos en el desarrollo del metaverso. Estas empresas creen que el metaverso será el próximo gran paso en la evolución de Internet y están trabajando para asegurarse de que estén a la vanguardia de esta tendencia emergente.

Facebook es una de las empresas más activas en el espacio del metaverso y ha sido vocal sobre su compromiso de construir un metaverso en los próximos años. La compañía ha creado una nueva unidad de negocios llamada Facebook Reality Labs, que se enfoca en el desarrollo de hardware y software para la realidad virtual y aumentada. También ha adquirido varias empresas de tecnología de realidad virtual y aumentada, como Oculus VR, para acelerar su desarrollo en este espacio.

Google también está invirtiendo en el metaverso a través de su unidad de realidad virtual y aumentada, Google Daydream. La compañía ha lanzado varios proyectos de realidad virtual y aumentada, como Tilt Brush y Google Earth VR, que utilizan la tecnología para crear experiencias de usuario más inmersivas. Además, Google ha estado trabajando en tecnologías de detección de profundidad y reconocimiento de gestos para mejorar la interacción del usuario con el metaverso.

Microsoft ha estado trabajando en el metaverso a través de su plataforma de realidad mixta, Windows Mixed Reality. La compañía ha desarrollado su propio auricular de realidad mixta, HoloLens, y ha estado trabajando en el desarrollo de aplicaciones y herramientas de realidad mixta para su plataforma. Microsoft también ha anunciado planes para crear un metaverso llamado Microsoft Mesh, que permitirá a los usuarios colaborar y comunicarse en un mundo virtual compartido.

Apple ha sido relativamente discreta sobre su trabajo en el metaverso, pero ha estado invirtiendo en tecnologías de realidad virtual y aumentada a través de su unidad de realidad aumentada. La compañía ha estado trabajando en el desarrollo de un auricular de realidad aumentada, que se rumorea que se lanzará en algún momento en los próximos años. Aunque Apple no ha anunciado planes para un metaverso específico, se espera que la compañía juegue un papel importante en este espacio debido a su experiencia en la creación de experiencias de usuario intuitivas y bien diseñadas.

En resumen, las grandes empresas de tecnología están invirtiendo en el metaverso debido a su potencial como el próximo gran paso en la evolución de Internet. Estas empresas están desarrollando hardware y software para la realidad virtual y aumentada, así como tecnologías de detección de profundidad y reconocimiento de gestos para mejorar la interacción del usuario con el metaverso.

Empresas emergentes de tecnología y startups que se centran en el desarrollo de tecnología para el metaverso.

Las empresas emergentes de tecnología y startups también están trabajando activamente en el desarrollo de tecnologías para el metaverso. Algunas de estas empresas son:

Decentraland: una startup basada en blockchain que ha creado su propio metaverso descentralizado. La empresa utiliza tecnología de blockchain para permitir la propiedad descentralizada de activos virtuales, como la tierra virtual, y la gestión de transacciones económicas.

Somnium Space: una startup que utiliza tecnología de realidad virtual para crear un metaverso inmersivo y colaborativo. La empresa ha desarrollado su propia plataforma de realidad virtual para permitir a los usuarios interactuar con su mundo virtual.

The Sandbox: una startup que utiliza tecnología de blockchain para permitir a los usuarios poseer y gestionar activos virtuales en su metaverso. La empresa ha creado un mundo virtual basado en píxeles en el que los usuarios pueden construir y compartir sus creaciones.

Spatial: una startup que utiliza tecnología de realidad aumentada para crear un metaverso colaborativo en el que los usuarios pueden interactuar con su entorno virtual utilizando dispositivos móviles.

SuperWorld: una startup que utiliza tecnología de realidad aumentada para crear un metaverso basado en la ubicación. La empresa permite a los usuarios crear y poseer activos virtuales en ubicaciones del mundo real y compartirlos con otros usuarios.

Estas empresas y startups están llevando a cabo investigaciones y desarrollo de tecnologías para el metaverso, y están trabajando para crear experiencias de usuario únicas en el mundo virtual.

Universidades e instituciones académicas que están investigando y desarrollando tecnologías relacionadas con el metaverso.

Las universidades y las instituciones académicas también están desempeñando un papel importante en la investigación y el desarrollo de tecnologías relacionadas con el metaverso. Algunas de estas instituciones incluyen:

Instituto de Tecnología de Massachusetts (MIT): El MIT ha estado trabajando en una serie de proyectos relacionados con el metaverso, como el proyecto "CityScope", que utiliza modelos en 3D y realidad aumentada para ayudar a las personas a visualizar y diseñar futuras ciudades sostenibles.

CityScope es un proyecto de investigación y desarrollo liderado por el MIT Media Lab y el MIT City Science Group que utiliza tecnologías de realidad aumentada, visualización de datos y modelado de ciudades para crear modelos virtuales de ciudades y barrios.

El proyecto CityScope se basa en la idea de que los sistemas urbanos son complejos y a menudo difíciles de comprender. Utilizando tecnologías avanzadas de visualización y modelado, CityScope busca crear una plataforma para que los planificadores urbanos, arquitectos y líderes comunitarios puedan explorar y experimentar con diferentes estrategias de diseño urbano y toma de decisiones.

Uno de los aspectos más interesantes de CityScope es la capacidad de los usuarios para interactuar con los modelos virtuales utilizando dispositivos móviles y herramientas de realidad aumentada. Esto significa que los usuarios pueden caminar por los modelos virtuales de la ciudad y ver cómo diferentes decisiones urbanísticas pueden afectar a la vida diaria de los ciudadanos.

Además, CityScope también se centra en la participación ciudadana y la colaboración comunitaria. La plataforma permite a los usuarios trabajar juntos para diseñar y experimentar con diferentes escenarios urbanos y tomar decisiones informadas sobre el futuro de sus ciudades y barrios.

Universidad de Stanford: La Universidad de Stanford ha estado trabajando en proyectos relacionados con el metaverso durante varios años, incluyendo el proyecto "Virtual Human Interaction Lab" que se centra en el desarrollo de tecnologías para la interacción social en mundos virtuales.

El Virtual Human Interaction Lab (VHIL) es un laboratorio de investigación interdisciplinario ubicado en la Universidad de Stanford que se enfoca en explorar cómo las personas pueden utilizar la tecnología para mejorar su comprensión y empatía hacia los demás. Fundado en 2003 por Jeremy Bailenson, el VHIL ha realizado investigaciones sobre una amplia gama de temas relacionados con la realidad virtual, la interacción humano-computadora y la psicología social.

El VHIL ha llevado a cabo estudios sobre cómo la realidad virtual puede utilizarse para cambiar la percepción de las personas sobre sí mismas y los demás, y cómo la tecnología puede ser utilizada para mejorar la comunicación y la colaboración en entornos virtuales. También ha investigado cómo la realidad virtual puede ser utilizada para tratar trastornos psicológicos, como el trastorno de estrés postraumático.

El VHIL ha desarrollado varias aplicaciones de realidad virtual, incluyendo un simulador de viaje en tiempo que permite a los usuarios experimentar diferentes épocas históricas, una aplicación que simula cómo es ser un árbol para aumentar la empatía hacia el medio ambiente y una aplicación de realidad virtual para tratar la fobia a las alturas.

El laboratorio ha trabajado con una amplia gama de organizaciones, incluyendo empresas tecnológicas, gobiernos, organizaciones sin fines de lucro y otros grupos académicos, para aplicar su investigación en el mundo real y avanzar en el campo de la realidad virtual y la interacción humano-computadora.

Universidad de California, Berkeley: La Universidad de California, Berkeley ha estado trabajando en proyectos relacionados con la realidad virtual y aumentada durante muchos años, y ha creado un programa de posgrado en VR y AR.

La Universidad de California, Berkeley cuenta con varios proyectos relacionados con la realidad virtual y aumentada. A continuación se presentan algunos ejemplos:

Berkeley XR: Es un laboratorio de realidad extendida que busca explorar y desarrollar nuevas tecnologías de realidad virtual y aumentada. Este laboratorio es una colaboración entre varios departamentos y escuelas de la universidad.

Oasis: Es un proyecto que busca crear una plataforma de realidad virtual para la enseñanza y el aprendizaje en línea. La plataforma utiliza tecnología de realidad virtual y aumentada para proporcionar a los estudiantes una experiencia de aprendizaje inmersiva.

Augmented Reality Sandbox: Es un proyecto que utiliza un sandbox con arena real y un proyector de Kinect para crear un entorno de realidad aumentada en el que los usuarios pueden crear y manipular paisajes y experimentar con la topografía.

ARPermit: Es un proyecto que utiliza tecnología de realidad aumentada para permitir a los usuarios visualizar edificios y estructuras propuestas en el contexto de su entorno real. Esto puede ayudar a los desarrolladores y arquitectos a tomar decisiones más informadas sobre el diseño y la ubicación de los edificios.

Hololens Research at UC Berkeley: Es un proyecto que explora las posibilidades de la tecnología de realidad aumentada de Microsoft Hololens. Los investigadores están desarrollando aplicaciones de realidad aumentada para su uso en la educación y la ingeniería.

Estos son solo algunos de los muchos proyectos relacionados con la realidad virtual y aumentada que se están llevando a cabo en la Universidad de California, Berkeley. La universidad tiene una larga historia de investigación en tecnologías de vanguardia y continúa siendo un líder en la investigación y el desarrollo de tecnologías de realidad virtual y aumentada.

Universidad de Washington: La Universidad de Washington ha estado trabajando en proyectos relacionados con el metaverso, incluyendo el proyecto "Pixel, Immersive, and Game Engineering Laboratory" que se centra en la creación de tecnologías de realidad virtual y aumentada.

El Pixel, Immersive, and Game Engineering Laboratory (PIGEL) es un laboratorio de investigación y desarrollo en la Universidad de California, Santa Cruz (UCSC) que se enfoca en la creación de experiencias de realidad virtual, aumentada y mixta.

El laboratorio fue fundado en 2017 por un grupo de estudiantes y profesores de UCSC que se dieron cuenta del potencial de la realidad virtual y la realidad aumentada para la educación, el entretenimiento y otros campos. Desde entonces, el laboratorio ha trabajado en varios proyectos, incluyendo juegos y aplicaciones de entrenamiento médico.

Una de las principales áreas de investigación en PIGEL es la interacción y el movimiento en el mundo virtual. El laboratorio ha desarrollado varios sistemas de seguimiento de movimiento y controladores de gestos para mejorar la inmersión del usuario en el mundo virtual. Además, han creado una plataforma de colaboración en línea para permitir que múltiples usuarios interactúen en el mismo espacio virtual en tiempo real.

PIGEL también ha trabajado en la creación de simulaciones médicas en realidad virtual y aumentada para entrenamiento de profesionales de la salud. En colaboración con el Centro de Simulación de la Escuela de Medicina de la Universidad de Stanford, han desarrollado una simulación de cirugía que permite a los cirujanos practicar procedimientos complejos en un entorno virtual antes de realizarlos en pacientes reales.

Universidad de Nueva York: La Universidad de Nueva York ha establecido un "Centro de Investigación de Realidad Virtual" que se centra en la investigación y el desarrollo de tecnologías relacionadas con la realidad virtual y aumentada.

El Centro de Investigación de Realidad Virtual (VRAC, por sus siglas en inglés) de la Universidad de Nueva York (NYU) es una instalación de investigación líder en el campo de la realidad virtual y aumentada. Fundado en 1999, VRAC tiene como objetivo explorar y desarrollar tecnologías innovadoras para la creación de entornos virtuales y aumentados para aplicaciones en diversas áreas, incluyendo la educación, la ciencia, la ingeniería y las artes.

El VRAC cuenta con un equipo de investigadores altamente capacitados en las áreas de gráficos por computadora, interacción persona-computadora, visión por computadora y simulación. Además, cuenta con una amplia variedad de equipos y tecnologías avanzadas para el desarrollo de aplicaciones de realidad virtual y aumentada, incluyendo sistemas de seguimiento de cabeza y cuerpo, dispositivos de entrada y salida, y hardware de procesamiento de gráficos.

Entre los proyectos más destacados del VRAC se incluyen:

"Caminar a través del tiempo", una experiencia de realidad virtual que permite a los usuarios caminar por paisajes históricos y culturales en todo el mundo.

"Virtual Vietnam Veterans Wall", una recreación digital del Monumento Conmemorativo de la Guerra de Vietnam en Washington D.C. que permite a los visitantes explorar el monumento de forma interactiva.

"Cálculo inmersivo", una herramienta de enseñanza de matemáticas que utiliza la realidad virtual para crear entornos de aprendizaje interactivos y envolventes.

El VRAC también colabora con otras instituciones académicas y empresas en el desarrollo de tecnologías de realidad virtual y aumentada.

Estas instituciones académicas están trabajando en colaboración con empresas y organizaciones en el sector privado para desarrollar tecnologías más avanzadas para el metaverso. También están proporcionando oportunidades de formación y educación para futuros profesionales del metaverso.

Desarrolladores independientes y comunidades que están creando contenido y experiencias para el metaverso.

Los desarrolladores independientes y las comunidades juegan un papel fundamental en la creación de contenido y experiencias para el metaverso. Muchos de estos desarrolladores utilizan plataformas existentes, como Unity y Unreal Engine, para construir sus proyectos. Además, existen comunidades dedicadas a la creación de contenido para metaversos específicos, como Second Life y Decentraland.

Los desarrolladores independientes están trabajando en una amplia gama de proyectos para el metaverso, desde experiencias de realidad virtual inmersivas hasta juegos y aplicaciones de productividad. Algunos de estos proyectos se centran en la educación, mientras que otros se centran en el entretenimiento y la interacción social. Muchos de estos proyectos son de código abierto y permiten la colaboración y la contribución de otros desarrolladores.

Las comunidades que crean contenido para metaversos específicos a menudo utilizan herramientas y software específicos para crear sus proyectos. Por ejemplo, en Second Life, los desarrolladores pueden utilizar el Linden Scripting

Language (LSL) para crear objetos y experiencias interactivas en el mundo virtual. En Decentraland, los desarrolladores pueden utilizar el kit de herramientas de Decentraland para crear sus propios juegos y aplicaciones.

Además, muchas comunidades y desarrolladores independientes están creando contenido y experiencias para la realidad virtual y aumentada que se utilizarán en el metaverso. Por ejemplo, los desarrolladores pueden crear experiencias de realidad virtual que permitan a los usuarios explorar un mundo virtual en 3D, o aplicaciones de realidad aumentada que superpongan información digital en el mundo real.

En resumen, los desarrolladores independientes y las comunidades son una parte esencial del ecosistema del metaverso, ya que están creando contenido y experiencias únicas que enriquecen la experiencia del usuario y fomentan la innovación en la industria.

Artistas y diseñadores que están utilizando el metaverso como plataforma para sus obras de arte y diseños.

Los artistas y diseñadores están comenzando a ver el metaverso como una nueva plataforma para sus creaciones. Al igual que en el mundo físico, el metaverso ofrece un espacio para que los artistas exhiban sus obras y se conecten con otros artistas y aficionados de todo el mundo. Algunos artistas incluso están utilizando herramientas de realidad virtual y aumentada para crear obras de arte y diseños que son específicos del metaverso.

Un ejemplo de artistas que utilizan el metaverso es el grupo de artistas digitales conocido como XCOPY, quienes han creado una serie de obras de arte digitales que se han exhibido en el mundo virtual de Decentraland. Otra artista que ha estado utilizando el metaverso como plataforma para sus obras es la artista británica Mat Collishaw, quien ha creado una instalación de realidad virtual llamada "Thresholds" que permite a los usuarios explorar una exposición virtual del primer gran espectáculo de fotografía de William Henry Fox Talbot.

Además, algunos diseñadores están utilizando el metaverso como una forma de presentar sus diseños en un entorno virtual. Por ejemplo, la diseñadora de moda digital The Fabricant ha creado una serie de diseños de moda exclusivos para el metaverso, incluyendo una colaboración con la estrella pop virtual Lil Miquela. La diseñadora de joyas digitales Gisel Florez también ha estado creando joyas virtuales que pueden ser usadas por los usuarios de metaversos como Decentraland y Somnium Space.

En resumen, el metaverso está emergiendo como una nueva plataforma para que los artistas y diseñadores muestren sus obras y se conecten con otros creativos y aficionados en todo el mundo.

Inversores y empresas de capital de riesgo que están invirtiendo en proyectos de metaverso.

En los últimos años, se ha visto un aumento en la inversión de capital de riesgo en proyectos relacionados con el metaverso. Los inversores y las empresas de capital de riesgo han reconocido el potencial del metaverso como una plataforma de próxima generación para la creación de contenido y la interacción social en línea. Aquí hay algunas empresas de capital de riesgo y firmas de inversión que han invertido en proyectos de metaverso:

Andreessen Horowitz: una firma de capital de riesgo que ha invertido en empresas de metaverso como Roblox, High Fidelity y Sandbox.

Spark Capital: una firma de capital de riesgo que ha invertido en empresas de metaverso como Rec Room y Wave.

Index Ventures: una firma de capital de riesgo que ha invertido en empresas de metaverso como SuperRare y The Sandbox.

Sequoia Capital: una firma de capital de riesgo que ha invertido en empresas de metaverso como Rec Room y Spatial.

Union Square Ventures: una firma de capital de riesgo que ha invertido en empresas de metaverso como Decentraland y Somnium Space.

Además de las empresas de capital de riesgo, también hay inversores individuales y grupos de inversores que están invirtiendo en proyectos de metaverso. Estos inversores pueden incluir empresarios exitosos que han visto el potencial del metaverso para la creación de contenido y la interacción social en línea.

En resumen, la inversión de capital de riesgo en proyectos de metaverso ha estado en aumento en los últimos años, lo que indica el potencial del metaverso como una plataforma de próxima generación para la creación de contenido y la interacción social en línea.

Conclusiones y reflexiones sobre el ecosistema actual de personas y empresas que están trabajando en el metaverso.

Después de explorar las diferentes empresas, organizaciones, desarrolladores y artistas que están trabajando en el metaverso, es evidente que hay un gran interés y entusiasmo por explorar y crear nuevas experiencias virtuales. La creciente cantidad de inversores y empresas de capital de riesgo que están invirtiendo en proyectos de metaverso es una señal clara de que el metaverso es un área de crecimiento y potencial económico.

Sin embargo, también hay desafíos y preguntas importantes que deben abordarse a medida que se desarrolla el metaverso. Uno de los desafíos más importantes es la necesidad de crear tecnologías que sean accesibles y fáciles de usar para una amplia gama de usuarios. El metaverso debe ser una plataforma inclusiva y acogedora, y no solo para aquellos que tienen experiencia en tecnología.

También es importante abordar las preocupaciones de privacidad y seguridad. Con el metaverso, hay nuevas formas de recopilar y utilizar datos personales, y es esencial que las empresas y desarrolladores trabajen para proteger la privacidad de los usuarios y garantizar que la información confidencial no sea comprometida.

Además, es crucial que el metaverso se desarrolle de una manera ética y responsable. A medida que el metaverso se convierte en una parte cada vez más importante de nuestras vidas digitales, es esencial que los desarrolladores y empresas se tomen en serio la responsabilidad que tienen de crear una plataforma que sea inclusiva, equitativa y segura.

En conclusión, el ecosistema actual de personas y empresas que trabajan en el metaverso es diverso y emocionante, y hay mucho potencial para crear nuevas experiencias virtuales únicas y significativas. Sin embargo, también es importante abordar los desafíos y preocupaciones clave a medida que se desarrolla el metaverso para garantizar que sea una plataforma accesible, inclusiva, segura y ética.

Capítulo 8

Impacto económico del metaverso.

El potencial de ingresos y el tamaño del mercado del metaverso:

El mercado del metaverso aún se encuentra en una etapa temprana de desarrollo, pero se espera que crezca significativamente en los próximos años. Según un informe de MarketsandMarkets, se espera que el mercado mundial del metaverso crezca a una tasa compuesta anual del 55,9% entre 2020 y 2025, alcanzando un valor de mercado de $ 4.400 millones en 2025.

Este crecimiento se debe a una variedad de factores, como el aumento de la adopción de tecnologías de realidad virtual y aumentada, la creciente demanda de experiencias virtuales inmersivas y la necesidad de nuevas formas de colaboración y entretenimiento en línea.

Los ingresos generados por el metaverso provendrán de varias fuentes, incluyendo la venta de activos virtuales, la publicidad y el patrocinio, la venta de entradas para eventos virtuales y la suscripción a servicios premium.

Además, se espera que el metaverso tenga un impacto significativo en la economía en general, ya que puede generar empleo en áreas como el desarrollo de software, diseño de juegos y experiencias de usuario, y la creación de contenido virtual. También puede ofrecer oportunidades para nuevas formas de comercio y transacciones económicas, como la compra y venta de bienes virtuales y criptomonedas.

Sin embargo, el metaverso también puede tener un impacto negativo en ciertas industrias, como la del ladrillo y mortero, si las empresas y los consumidores se desplazan hacia experiencias virtuales en lugar de físicas. Por lo tanto, es importante tener en cuenta tanto los beneficios como las posibles consecuencias del crecimiento del metaverso en la economía en general.

A medida que el interés en el metaverso continúa creciendo, se espera que su mercado experimente un crecimiento significativo en los próximos años. Según un informe de Goldman Sachs de 2021, se espera que el mercado del metaverso tenga un valor de 1,5 billones de dólares para 2030. Esta estimación se basa en la idea de que el metaverso se convertirá en una forma cada vez más importante de entretenimiento, comercio, trabajo y comunicación.

Además, se espera que el metaverso tenga un impacto significativo en la economía global, ya que permitirá nuevas oportunidades de negocio y empleo. Según un informe de Accenture de 2021, el metaverso podría generar 1 billón de dólares en nuevas oportunidades de negocio y empleo en los próximos 10 años.

En resumen, el metaverso tiene el potencial de convertirse en un mercado significativo y generar importantes ingresos y oportunidades de empleo en el futuro cercano. Con el continuo desarrollo de tecnologías relacionadas y la creciente adopción por parte de los consumidores, el mercado del metaverso seguirá creciendo y evolucionando.

Oportunidades de negocio en el metaverso:

El metaverso ofrece una amplia variedad de oportunidades de negocio para aquellos que desean incursionar en este mercado emergente. Una de las principales oportunidades es la creación de experiencias y contenido. Los desarrolladores de contenido pueden crear mundos virtuales para que los usuarios puedan explorar y disfrutar, lo que puede ser un área muy rentable si se crea un contenido atractivo que los usuarios estén dispuestos a pagar.

Otra oportunidad de negocio en el metaverso es la venta de bienes virtuales. Los usuarios pueden comprar activos virtuales, como tierras virtuales, ropa virtual, armas virtuales y otros objetos. La venta de bienes virtuales puede generar ingresos significativos para los creadores de contenido, especialmente si se diseña contenido exclusivo que solo se puede obtener a través de la compra.

La publicidad es otra forma en que las empresas pueden obtener ingresos en el metaverso. Las marcas pueden pagar por publicidad en mundos virtuales y en transmisiones en vivo, lo que les permite llegar a un público nuevo y comprometido.

La formación y la educación también pueden ser oportunidades de negocio en el metaverso. Las empresas pueden utilizar el metaverso para impartir formación en áreas como la seguridad, la atención médica y otros campos. La educación también puede ser un área de crecimiento en el metaverso, ya que las instituciones educativas pueden utilizar los mundos virtuales para crear entornos de aprendizaje inmersivos.

En resumen, el metaverso ofrece una gran cantidad de oportunidades de negocio para aquellos que desean explorar este mercado emergente. Desde la creación de contenido y la venta de bienes virtuales, hasta la publicidad y la educación, hay muchas formas de obtener ingresos en el metaverso. A medida que el mercado del metaverso sigue creciendo y evolucionando, es probable que surjan nuevas oportunidades de negocio en el futuro.

El impacto en la economía global: En este punto se podría examinar el impacto potencial del metaverso en la economía global, especialmente en términos de creación de empleo, crecimiento económico y el impacto en las industrias existentes.

El impacto potencial del metaverso en la economía global es un tema de gran interés y debate en la actualidad. A medida que el metaverso continúa desarrollándose y expandiéndose, se espera que tenga un impacto significativo en la creación de empleo y el crecimiento económico. Según un informe de Goldman Sachs, el mercado del metaverso podría valer 80.000 millones de dólares para el año 2025.

Una de las principales formas en que el metaverso podría tener un impacto positivo en la economía es a través de la creación de empleo. A medida que se desarrollen más empresas y se creen más oportunidades de negocio en el metaverso, se espera que se creen nuevos trabajos en áreas como la programación, el diseño de experiencias virtuales, la gestión de comunidades y la venta de bienes virtuales. Además, el metaverso también podría crear oportunidades para trabajadores remotos, ya que las empresas podrían operar en un entorno virtual sin la necesidad de una presencia física.

En términos de crecimiento económico, el metaverso podría tener un impacto significativo en las industrias existentes. Por ejemplo, el sector de los videojuegos podría experimentar un gran crecimiento a medida que los desarrolladores creen experiencias de juego más inmersivas y colaborativas en el metaverso. Además, el metaverso también podría tener un impacto en la publicidad, la educación y la formación, ya que las empresas podrían utilizar entornos virtuales para llegar a su público objetivo y ofrecer experiencias de aprendizaje más interactivas.

Sin embargo, también existen preocupaciones sobre el impacto del metaverso en la economía global. Algunas personas temen que el metaverso pueda crear una brecha económica aún mayor entre los ricos y los pobres, ya que solo aquellos que pueden pagar por los equipos y la tecnología necesarios podrían acceder a las oportunidades de negocio y empleo en el metaverso. Además, también existe la preocupación de que el metaverso pueda tener un impacto negativo en las industrias existentes, ya que las empresas pueden verse obligadas a competir con experiencias virtuales más atractivas y personalizadas.

En resumen, el impacto del metaverso en la economía global aún no se ha determinado completamente, pero se espera que tenga un impacto significativo en la creación de empleo y el crecimiento económico. Además, el metaverso ofrece una amplia gama de oportunidades de negocio, desde la creación de experiencias y contenido hasta la venta de bienes virtuales y la publicidad. Sin embargo, también es importante abordar las preocupaciones sobre el acceso y la competencia en el metaverso para garantizar que su impacto sea beneficioso para todos los sectores de la economía global.

Las implicaciones fiscales y regulatorias: Las implicaciones fiscales y regulatorias del metaverso, como la tributación de ingresos generados en el metaverso, la propiedad de bienes virtuales y la protección de la propiedad intelectual.

Las implicaciones fiscales y regulatorias del metaverso son un tema complejo y en constante evolución. Como cualquier otro mercado, el metaverso tendrá que enfrentar una serie de desafíos fiscales y regulatorios. Uno de los principales desafíos fiscales es cómo se gravarán los ingresos generados en el metaverso. A medida que el metaverso se expande y se vuelven más comunes las transacciones monetarias, las autoridades fiscales deberán considerar la tributación de los ingresos generados en el metaverso.

Además, la propiedad de bienes virtuales es otro tema importante que plantea desafíos regulatorios. ¿Quién tiene la propiedad de un objeto virtual? ¿Cómo se pueden proteger los derechos de propiedad intelectual en el metaverso? Estas son preguntas que los reguladores deberán abordar a medida que el metaverso continúe creciendo.

También es importante considerar la regulación de las empresas que operan en el metaverso. Las empresas de metaverso tendrán que cumplir con las mismas regulaciones que cualquier otra empresa, incluyendo las relacionadas con la protección de datos, la privacidad y la seguridad. Es posible que se necesiten nuevas regulaciones específicas para el metaverso para abordar las cuestiones únicas que presenta.

Otro tema importante es cómo se manejará la protección de la propiedad intelectual en el metaverso. A medida que más y más artistas, diseñadores y creativos utilicen el metaverso como plataforma para sus obras, será necesario proteger sus derechos de propiedad intelectual. Las empresas de metaverso tendrán que encontrar formas efectivas de proteger la propiedad intelectual y evitar la infracción de derechos.

En resumen, el metaverso plantea una serie de desafíos fiscales y regulatorios que los reguladores tendrán que abordar a medida que el mercado continúe creciendo. Las empresas de metaverso también tendrán que cumplir con las regulaciones existentes y encontrar formas efectivas de proteger la propiedad intelectual y evitar la infracción de derechos. Es importante abordar estas cuestiones de manera efectiva para asegurar que el metaverso siga siendo un mercado justo y sostenible a largo plazo.

El potencial de inclusión financiera: Cómo el metaverso podría ayudar a incluir a personas y comunidades que actualmente no tienen acceso a servicios financieros tradicionales, y cómo podría mejorar la inclusión financiera y el acceso a oportunidades económicas.

La inclusión financiera es un desafío global importante, ya que muchas personas y comunidades no tienen acceso a servicios financieros tradicionales, lo que limita su capacidad para participar en la economía y mejorar sus vidas. Sin embargo, el metaverso ofrece una nueva oportunidad para abordar este problema de inclusión financiera.

Una de las principales formas en que el metaverso puede ayudar a incluir a personas y comunidades es a través de la creación de nuevas oportunidades económicas y trabajos en el mundo virtual. A medida que el metaverso continúa desarrollándose, se espera que surjan nuevas empresas y trabajos que antes no existían. Esto podría significar nuevas oportunidades para las personas que actualmente no tienen acceso a empleos tradicionales o que tienen habilidades diferentes.

Además, el metaverso podría mejorar la inclusión financiera a través de la creación de una economía virtual en la que se puedan realizar transacciones financieras de manera segura y confiable. Los usuarios del metaverso podrían comprar y vender bienes virtuales, así como intercambiar moneda virtual, lo que podría ser especialmente beneficioso para las personas que no tienen acceso a servicios financieros tradicionales.

Además, el metaverso también podría ayudar a las personas a obtener acceso a educación financiera y a servicios financieros básicos. Por ejemplo, las empresas en el metaverso podrían ofrecer servicios de asesoramiento financiero y educación financiera a través de plataformas virtuales interactivas. También se podría utilizar el metaverso para proporcionar acceso a cuentas bancarias virtuales, tarjetas de crédito virtuales y otros servicios financieros básicos que actualmente no están disponibles para todas las personas.

En general, el metaverso ofrece muchas oportunidades para mejorar la inclusión financiera y el acceso a oportunidades económicas para personas y comunidades en todo el mundo. A medida que el metaverso continúa desarrollándose, es probable que veamos nuevas formas innovadoras de utilizar la tecnología para ayudar a las personas a conectarse con la economía global y mejorar sus vidas.

El impacto en la industria del entretenimiento: Exploramos cómo el metaverso podría cambiar la forma en que se crea, distribuye y consume entretenimiento, y cómo podría afectar a la industria del cine, la música, los deportes y los videojuegos, entre otros.

El metaverso representa una nueva frontera en la creación, distribución y consumo de entretenimiento, y tiene el potencial de transformar la forma en que experimentamos y disfrutamos el entretenimiento. En la actualidad, la mayoría de los productos de entretenimiento se distribuyen y consumen en formatos físicos o digitales, como discos, descargas digitales o plataformas de streaming. Sin embargo, el metaverso permite la creación de experiencias inmersivas en tiempo real, lo que permite a los usuarios interactuar con el contenido de una manera completamente nueva y única.

El cine, por ejemplo, podría ser transformado por el metaverso. En lugar de simplemente sentarse y ver una película en una pantalla, los usuarios podrían sumergirse en una experiencia cinemática en 3D, con efectos visuales y de sonido envolventes. Los estudios de cine y los cineastas podrían crear contenido específicamente para el metaverso, y las salas de cine virtuales podrían ser una realidad, permitiendo a los espectadores de todo el mundo experimentar la misma película en tiempo real y compartir sus reacciones en tiempo real.

En cuanto a la música, el metaverso podría permitir a los artistas crear experiencias inmersivas que vayan más allá de las actuaciones en vivo y las plataformas de streaming. Los usuarios podrían sumergirse en una experiencia de concierto en 3D, con efectos visuales y de sonido envolventes, y los artistas podrían interactuar con los fans de una manera completamente nueva y única.

Los deportes también podrían verse afectados por el metaverso, permitiendo a los fans experimentar eventos deportivos de una manera completamente nueva e inmersiva. En lugar de simplemente ver un partido en la televisión, los usuarios podrían sumergirse en un estadio virtual y experimentar el partido como si estuvieran allí en persona. Además, los equipos y las ligas podrían crear contenido específicamente para el metaverso, como partidos virtuales o torneos de deportes electrónicos.

Los videojuegos, por supuesto, ya están en el corazón del metaverso, y son una de las principales razones por las que el metaverso ha crecido tanto en popularidad. Los videojuegos pueden ser una parte fundamental del metaverso, ya que permiten a los usuarios interactuar con el contenido de una manera completamente nueva y única. Además, los videojuegos pueden ser utilizados como una forma de monetización en el metaverso, con la venta de bienes virtuales, como skins, armas y otros objetos que los usuarios pueden utilizar en el juego.

En resumen, el metaverso tiene el potencial de transformar la forma en que se crea, distribuye y consume entretenimiento, permitiendo a los usuarios interactuar con el contenido de una manera completamente nueva y única. Las implicaciones para las industrias del cine, la música, los deportes y los videojuegos son enormes, y todavía hay mucho por explorar en este espacio emocionante y en constante evolución.

Los desafíos y riesgos económicos del metaverso: Los desafíos y riesgos económicos que presenta el metaverso, como la volatilidad del mercado, la seguridad y la privacidad de los usuarios, la competencia y la falta de regulación.

A pesar de las enormes oportunidades económicas que ofrece el metaverso, también presenta importantes desafíos y riesgos que deben abordarse. Uno de los principales desafíos es la volatilidad del mercado, especialmente dado que el metaverso aún se encuentra en una etapa temprana de desarrollo y adopción. Los cambios en la tecnología y las preferencias de los usuarios pueden tener un impacto significativo en la demanda de experiencias y contenido en el metaverso, lo que puede ser difícil de predecir y puede tener un impacto negativo en los ingresos de las empresas.

Aunque el metaverso ofrece una amplia gama de oportunidades económicas, también presenta desafíos y riesgos que deben ser considerados. Uno de los desafíos más importantes es la volatilidad del mercado, especialmente en la etapa temprana de desarrollo del metaverso. Dado que la tecnología del metaverso todavía está en sus primeras etapas de desarrollo, los cambios rápidos en la tecnología y los gustos de los consumidores pueden afectar significativamente la demanda y la oferta de bienes y servicios en el metaverso.

Otro desafío importante es la seguridad y privacidad de los usuarios en el metaverso. Dado que el metaverso se basa en gran medida en la interacción humana, existe un riesgo inherente de fraude, robo y otros delitos cibernéticos. Además, la privacidad de los usuarios puede verse comprometida si sus datos personales son robados o utilizados de manera inapropiada.

La competencia es otro desafío clave en el metaverso. A medida que más empresas y desarrolladores ingresan al mercado, la competencia por la atención de los usuarios y los ingresos se vuelve más intensa. Además, los cambios rápidos en la tecnología pueden hacer que los jugadores existentes se queden obsoletos y pierdan cuota de mercado.

Finalmente, la falta de regulación es un riesgo importante para el metaverso. Dado que la tecnología del metaverso es relativamente nueva, aún no hay un marco regulatorio claro para proteger a los consumidores y garantizar la equidad en el mercado. Esto puede llevar a abusos por parte de las empresas y usuarios malintencionados, lo que puede perjudicar a los usuarios y frenar el crecimiento del mercado. En resumen, aunque el metaverso ofrece grandes oportunidades económicas, también presenta desafíos y riesgos que deben ser considerados y abordados cuidadosamente.

Las implicaciones sociales y éticas: Cómo el metaverso podría afectar la sociedad y la cultura en términos de identidad, relaciones, privacidad y seguridad, y cómo se pueden abordar estos desafíos de manera ética y responsable.

El impacto social del metaverso es un tema cada vez más relevante a medida que se expande el alcance y la influencia de esta tecnología. El metaverso plantea importantes cuestiones sociales y culturales en cuanto a cómo las personas interactúan y se relacionan en línea, y cómo la tecnología puede afectar la identidad, la privacidad y la seguridad.

Una de las principales preocupaciones es cómo el metaverso podría afectar la identidad de los usuarios. En un mundo virtual en el que los usuarios pueden crear avatares personalizados, ¿cómo se establece la identidad y la autenticidad de las personas? ¿Podría esto llevar a la creación de identidades falsas y engañosas, o a la pérdida de la conexión entre la identidad virtual y la identidad en la vida real?

Además, la privacidad y la seguridad de los usuarios son cuestiones críticas en el metaverso. ¿Cómo se pueden garantizar la privacidad y la protección de los datos de los usuarios en un entorno virtual en el que la información se comparte y se almacena constantemente? ¿Cómo se pueden proteger los usuarios de actividades delictivas, como el acoso, la discriminación y el robo de identidad?

Otro aspecto importante a considerar es cómo el metaverso podría afectar las relaciones y la interacción social. ¿Cómo se desarrollarán las relaciones entre los usuarios en el metaverso y cómo se trasladarán estas relaciones a la vida real? ¿Cómo se pueden evitar los riesgos de la dependencia y el aislamiento social en el mundo virtual?

En cuanto a la cultura, el metaverso puede tener un impacto significativo en la forma en que se crea y consume el contenido. ¿Cómo afectará el metaverso a la producción de contenido y a la propiedad intelectual? ¿Cómo se pueden abordar los desafíos de la regulación y la distribución del contenido en un entorno virtual?

En conclusión, el metaverso plantea importantes desafíos sociales y culturales que deben ser abordados de manera ética y responsable. La identidad, la privacidad, la seguridad, las relaciones y la cultura son solo algunas de las áreas que requieren una reflexión cuidadosa y una estrategia de abordaje para garantizar que el metaverso sea una fuerza positiva en la sociedad.

Capítulo 9

Aspectos sociales del metaverso.

Interacciones sociales en el metaverso: Cómo las personas interactúan en el metaverso, cómo se crean comunidades y relaciones sociales y cómo se comparan con las interacciones en el mundo físico.

En el metaverso, las personas tienen la capacidad de interactuar con otras personas de todo el mundo de una manera más fluida y sin las limitaciones del espacio físico. Se pueden crear comunidades en torno a intereses compartidos, aficiones o juegos. Estas comunidades pueden ser muy diversas y a menudo se forman en torno a grupos de interés, clubes u organizaciones virtuales. Además, en el metaverso se pueden crear y personalizar avatares, lo que permite a las personas experimentar con diferentes identidades o incluso expresarse de manera más libre que en el mundo físico.

Aunque las interacciones en el metaverso pueden ser muy diferentes a las interacciones en el mundo físico, también pueden ser muy similares. Las personas todavía establecen relaciones, construyen amistades y forman vínculos emocionales. Sin embargo, también pueden surgir problemas y conflictos en el metaverso, como el acoso y la discriminación.

Es importante abordar estos desafíos de manera ética y responsable. Por ejemplo, las empresas de metaverso pueden implementar políticas para prevenir y abordar el acoso y la discriminación. También pueden trabajar para proteger la privacidad y la seguridad de los usuarios, lo que puede incluir medidas como la autenticación de dos factores y la protección contra el robo de identidad. Además, se pueden implementar sistemas de moderación de contenido para garantizar que el contenido inapropiado o dañino no se propague en el metaverso.

En última instancia, el metaverso tiene el potencial de crear comunidades más diversas e inclusivas, donde las personas pueden interactuar y experimentar de maneras nuevas e innovadoras. Sin embargo, es importante abordar los desafíos sociales y culturales que pueden surgir en el proceso.

Impacto en la salud mental: El metaverso podría tener un impacto en la salud mental de las personas, tanto positivo como negativo. En este punto analizamos cómo las experiencias en el metaverso pueden afectar el bienestar psicológico y cómo se pueden abordar los riesgos potenciales.

El metaverso presenta un potencial tanto para mejorar como para empeorar la salud mental de las personas. Por un lado, puede ofrecer experiencias positivas y significativas que contribuyen a una mayor satisfacción y bienestar emocional. Por otro lado, puede ser un lugar de interacciones negativas, acoso y otras formas de comportamiento tóxico que pueden afectar la salud mental de los usuarios.

Algunos estudios han demostrado que las personas pueden encontrar un sentido de comunidad y conexión en el metaverso, lo que puede tener un impacto positivo en la salud mental. Además, el metaverso puede proporcionar un espacio para la expresión creativa y la exploración de identidades, lo que puede ser terapéutico y contribuir a una mayor autoestima y autoconocimiento.

Sin embargo, también hay preocupaciones sobre el impacto negativo en la salud mental que el metaverso puede tener. El acoso y la discriminación en línea son preocupaciones importantes que pueden tener un impacto significativo en la salud mental de las personas. Además, la posibilidad de desconexión de la realidad física y la sobreexposición a estímulos virtuales puede tener efectos negativos en la salud mental de los usuarios.

Es importante abordar estos riesgos y preocupaciones de manera ética y responsable. Las empresas y desarrolladores de metaversos deben tomar medidas para prevenir y abordar el acoso y la discriminación en línea y garantizar la privacidad y seguridad de los usuarios. También es importante fomentar la educación sobre el uso responsable del metaverso y la conciencia de los riesgos potenciales para la salud mental.

En resumen, el metaverso tiene el potencial de tener un impacto significativo en la salud mental de las personas, tanto positivo como negativo. Es importante abordar estos riesgos y desafíos de manera ética y responsable para garantizar que el metaverso sea un lugar seguro y saludable para los usuarios.

Accesibilidad y discapacidad: El metaverso tiene el potencial de mejorar la accesibilidad y la inclusión de personas con discapacidad. Cómo se está abordando actualmente este tema y qué oportunidades hay para mejorar la accesibilidad en el futuro.

El metaverso tiene el potencial de ser un espacio más inclusivo para personas con discapacidades, permitiendo una mayor accesibilidad a experiencias que pueden ser limitadas en el mundo físico. Sin embargo, esto también plantea desafíos en cuanto a la accesibilidad digital y la inclusión en el diseño de experiencias.

Actualmente, algunas plataformas de metaverso están trabajando para abordar estos desafíos, incorporando herramientas y características de accesibilidad, como la compatibilidad con lectores de pantalla, subtítulos y opciones de navegación para personas con movilidad limitada. Además, algunas empresas están contratando a personas con discapacidades para ayudar en el diseño y la creación de experiencias más inclusivas.

Sin embargo, todavía hay mucho por hacer para mejorar la accesibilidad en el metaverso. Es importante que las empresas consideren la accesibilidad desde el principio, en lugar de abordarla como una idea posterior. Además, se necesitan más esfuerzos para hacer que las plataformas sean más accesibles y para educar a los desarrolladores sobre cómo crear experiencias accesibles.

La accesibilidad también puede ser un problema económico para algunas personas con discapacidades. Aunque el metaverso tiene el potencial de permitir una mayor inclusión, todavía hay barreras para la entrada, como el costo de los dispositivos de realidad virtual y la necesidad de tener una conexión a Internet rápida y confiable. Las empresas y los gobiernos pueden trabajar juntos para abordar estas barreras y hacer que el metaverso sea más accesible para todos.

En general, el metaverso tiene el potencial de mejorar la accesibilidad y la inclusión para personas con discapacidades, pero es importante que se aborden los desafíos y se tomen medidas para garantizar que sea un espacio verdaderamente inclusivo y accesible para todos.

Identidad y privacidad: En el metaverso, las personas pueden crear identidades virtuales y tener diferentes niveles de privacidad. Cómo se están abordando estos temas y cómo se puede proteger la privacidad de los usuarios en el metaverso.

En el metaverso, los usuarios tienen la capacidad de crear y manejar múltiples identidades virtuales que pueden ser diferentes a sus identidades físicas en el mundo real. Esto puede permitir que las personas experimenten con diferentes aspectos de su personalidad y explorar nuevas formas de expresión. Sin embargo, también puede plantear desafíos y riesgos en cuanto a la privacidad y seguridad de los usuarios.

En primer lugar, es importante destacar que en el metaverso, la privacidad no es un concepto binario. Es decir, los usuarios pueden tener diferentes niveles de privacidad dependiendo de la plataforma que estén utilizando y de la configuración de privacidad que hayan elegido. Por lo tanto, es esencial que las plataformas del metaverso proporcionen a los usuarios herramientas para administrar su privacidad y controlar quién tiene acceso a su información personal.

Además, el uso de la tecnología de seguimiento y recopilación de datos en el metaverso plantea preocupaciones sobre la privacidad de los usuarios y el posible uso indebido de sus datos. Es esencial que las plataformas del metaverso establezcan políticas claras de privacidad y seguridad de datos para proteger a los usuarios de la recopilación y uso indebido de sus datos personales.

Por otro lado, la identidad virtual en el metaverso puede tener implicaciones para la identidad y la autoestima de las personas. Algunos usuarios pueden experimentar una mayor libertad y seguridad al expresarse en línea, mientras que otros pueden enfrentar problemas de autoimagen y sentirse excluidos. Por lo tanto, es importante que las plataformas del metaverso aborden estos problemas y proporcionen herramientas para ayudar a los usuarios a gestionar su identidad virtual de manera positiva y saludable.

En conclusión, el tema de la identidad y la privacidad en el metaverso es complejo y plantea desafíos importantes que deben ser abordados de manera responsable y ética. Las plataformas del metaverso deben proporcionar herramientas para que los usuarios controlen su privacidad y protejan sus datos personales, al mismo tiempo que fomenten una cultura positiva y saludable en torno a la identidad virtual.

Desigualdades sociales: El metaverso podría perpetuar o incluso amplificar las desigualdades sociales que existen en el mundo físico.

El metaverso tiene el potencial de crear nuevas oportunidades y experiencias para las personas, pero también podría perpetuar las desigualdades sociales existentes en el mundo físico. Por ejemplo, en el metaverso, las personas pueden comprar bienes virtuales y tener acceso a experiencias exclusivas que pueden no estar disponibles para aquellos que no tienen los recursos para comprarlos. Además, la falta de acceso a la tecnología y la brecha digital podría exacerbar las desigualdades económicas y sociales.

Para abordar estas desigualdades, es importante considerar la accesibilidad y la inclusión en el diseño del metaverso. Esto podría incluir la implementación de políticas y prácticas para garantizar la igualdad de oportunidades, como la accesibilidad para personas con discapacidades, la inclusión de personas de diferentes orígenes étnicos y culturales, y la eliminación de barreras financieras.

También es importante considerar cómo se distribuyen los ingresos generados en el metaverso. Si bien el metaverso puede crear nuevas oportunidades económicas para las personas, es posible que estos ingresos no se distribuyan de manera equitativa. Es necesario examinar cómo se pueden crear políticas y prácticas para garantizar que todos los usuarios del metaverso tengan acceso a oportunidades económicas y se beneficien de los ingresos generados en el metaverso.

Además, es importante tener en cuenta que la tecnología en sí misma no puede resolver todas las desigualdades sociales. Es necesario considerar las estructuras sociales y económicas más amplias que contribuyen a estas desigualdades y trabajar para abordarlas tanto en el mundo físico como en el metaverso.

Educación y aprendizaje: El metaverso podría ser utilizado para mejorar la educación y el aprendizaje, tanto formal como informal. Cómo se están utilizando actualmente el metaverso para estos fines y cuál es su potencial en el futuro.

El metaverso podría tener un gran impacto en la educación y el aprendizaje, ya que ofrece un espacio virtual para que las personas aprendan y experimenten de formas nuevas y emocionantes. Por ejemplo, las personas pueden asistir a conferencias virtuales, participar en talleres en línea y colaborar en proyectos en el metaverso. Además, las experiencias en el metaverso pueden ayudar a las personas a comprender conceptos abstractos de una manera más concreta y atractiva.

Actualmente, hay varias iniciativas que utilizan el metaverso para la educación. Por ejemplo, algunas universidades están creando campus virtuales en el metaverso para que los estudiantes puedan interactuar en un entorno virtual y colaborar en proyectos. También hay organizaciones que ofrecen talleres y programas de capacitación en el metaverso para ayudar a las personas a aprender nuevas habilidades.

En el futuro, el metaverso podría cambiar radicalmente la forma en que se aprende y se enseña. Las personas podrían tener acceso a una amplia variedad de recursos educativos en línea, desde videos educativos hasta simulaciones interactivas, y podrían colaborar con otras personas en tiempo real desde cualquier lugar del mundo. Además, el metaverso podría ofrecer nuevas formas de evaluación y certificación de habilidades, lo que permitiría a las personas demostrar sus habilidades y conocimientos de manera más efectiva que en la educación tradicional.

Sin embargo, también hay desafíos y riesgos asociados con el uso del metaverso en la educación. Por ejemplo, puede haber problemas de accesibilidad para personas con discapacidades, y es importante asegurarse de que las experiencias en el metaverso sean seguras y apropiadas para todas las edades. Además, es importante garantizar que la educación en el metaverso no se convierta en una herramienta para perpetuar desigualdades sociales existentes. Por lo tanto, es esencial abordar estos desafíos de manera ética y responsable para garantizar que el metaverso sea una herramienta efectiva para la educación y el aprendizaje en el futuro.

Impacto en la cultura: El metaverso podría tener un impacto en la cultura global, tanto en términos de la creación de nuevas culturas como en la preservación de las existentes.

El metaverso tiene el potencial de cambiar la forma en que las personas interactúan con la cultura y la forma en que se crea y se comparte la cultura. En este punto, es importante examinar el impacto que el metaverso podría tener en la cultura global y cómo se están abordando estos temas.

Una de las formas en que el metaverso podría tener un impacto en la cultura es mediante la creación de nuevas culturas. Al permitir que las personas se conecten y creen en un espacio virtual, el metaverso podría facilitar la creación de nuevas formas de arte, música y literatura que no existen en el mundo físico. También podría permitir que las personas experimenten con diferentes identidades y formas de expresión que no son posibles en el mundo físico.

Sin embargo, también existe el riesgo de que el metaverso perpetúe las desigualdades culturales y sociales que existen en el mundo físico. Por ejemplo, las personas que no tienen acceso a la tecnología o no tienen los recursos para participar en el metaverso podrían perderse de las oportunidades culturales y económicas que ofrece.

Además, también hay preocupaciones sobre la preservación de las culturas existentes en el metaverso. A medida que las personas crean nuevas culturas en el metaverso, existe el riesgo de que se pierdan las culturas existentes en el mundo físico. Es importante que se tomen medidas para preservar y proteger las culturas en el metaverso, incluida la promoción de la diversidad cultural y el acceso equitativo a las oportunidades culturales.

En general, el impacto del metaverso en la cultura global es un tema complejo que requiere una atención cuidadosa y una reflexión ética. Es importante considerar tanto las oportunidades como los riesgos, y trabajar para crear un metaverso que sea inclusivo, diverso y sostenible en términos culturales.

Capítulo 10

Beneficios y riesgos potenciales del metaverso.

Beneficios del metaverso:

Mejora de la productividad y la eficiencia en el trabajo remoto.

Mayor accesibilidad a bienes y servicios.

Potencial para crear empleos y oportunidades económicas.

Innovaciones en la educación, la salud y otros sectores.

Mejora de la comunicación y la colaboración en línea.

Riesgos y desafíos del metaverso:

Posible aumento de la brecha digital y de las desigualdades sociales.

Problemas de seguridad y privacidad para los usuarios.

Posibilidad de la creación de nuevas formas de adicción y aislamiento social.

Desafíos regulatorios y fiscales para las empresas y los gobiernos.

Amenazas a la identidad y a la autonomía individual.

Posibles soluciones y enfoques para abordar los riesgos y maximizar los beneficios:

Desarrollo de políticas y regulaciones para proteger a los usuarios y promover una competencia justa.

Mejora de las tecnologías de seguridad y privacidad.

Investigación y análisis de las implicaciones éticas y sociales del metaverso.

Educación y concientización sobre el uso responsable y ético del metaverso.

Fomento de la colaboración entre empresas, gobiernos y la sociedad civil para abordar los desafíos del metaverso.

Beneficios del metaverso:

Mejora de la productividad y la eficiencia en el trabajo remoto.

El trabajo remoto se ha convertido en una necesidad para muchas empresas y organizaciones en todo el mundo debido a la pandemia de COVID-19. El metaverso puede ser una herramienta poderosa para mejorar la productividad y la eficiencia en el trabajo remoto al ofrecer un espacio virtual donde las personas pueden interactuar y colaborar en tiempo real, sin importar su ubicación geográfica.

En el metaverso, los equipos de trabajo pueden reunirse en un entorno virtual para compartir ideas, discutir proyectos y tomar decisiones en tiempo real. Los empleados pueden trabajar juntos en documentos compartidos, crear presentaciones y utilizar herramientas de colaboración para hacer que el proceso de trabajo sea más eficiente. Además, el metaverso también puede ser utilizado para realizar reuniones y conferencias en línea, lo que reduce los costos de viaje y el tiempo de desplazamiento.

Además, el metaverso también puede ayudar a mejorar la calidad de vida de los trabajadores remotos al ofrecer una experiencia más inmersiva y atractiva. En lugar de trabajar en un entorno aislado, los trabajadores pueden interactuar con sus compañeros de trabajo en un entorno virtual y sentir que forman parte de un equipo más grande.

Sin embargo, también hay riesgos asociados con el uso del metaverso en el trabajo remoto. La falta de interacción humana en persona puede tener un impacto negativo en la salud mental y el bienestar de los trabajadores remotos. Además, también puede haber preocupaciones sobre la privacidad y la seguridad de los datos en el metaverso, especialmente si se están compartiendo información confidencial.

En general, el metaverso tiene el potencial de mejorar significativamente la productividad y la eficiencia en el trabajo remoto, pero también es importante abordar los desafíos y riesgos potenciales de manera efectiva para garantizar una experiencia positiva y segura para los trabajadores remotos.

Mayor accesibilidad a bienes y servicios.

El metaverso podría tener un impacto significativo en la accesibilidad a bienes y servicios para las personas. Con el creciente uso de la tecnología en la vida diaria, la barrera entre el mundo físico y el mundo digital se está desvaneciendo. Esto significa que cada vez más servicios y productos se ofrecen en línea, lo que facilita el acceso a ellos para una gran cantidad de personas. Sin embargo, aún existen barreras para aquellos que no tienen acceso a Internet o no pueden utilizar la tecnología de manera efectiva.

El metaverso podría ofrecer una solución a este problema al proporcionar una plataforma accesible para que las personas accedan a bienes y servicios. Con el metaverso, las personas pueden acceder a tiendas y servicios desde cualquier lugar del mundo, lo que significa que pueden acceder a una amplia gama de productos y servicios sin la necesidad de viajar o salir de sus hogares.

Además, el metaverso podría permitir una mayor personalización de los productos y servicios, lo que significa que las personas pueden obtener exactamente lo que necesitan y desean sin tener que conformarse con productos y servicios estandarizados. Esto podría mejorar significativamente la calidad de vida de las personas al ofrecer productos y servicios que satisfagan sus necesidades específicas.

Sin embargo, existen preocupaciones sobre cómo se protegerán los derechos del consumidor en el metaverso. Las transacciones y los servicios en línea a menudo están sujetos a regulaciones y leyes específicas en el mundo físico, y es importante que se implementen mecanismos similares en el metaverso para proteger a los consumidores.

Otro problema a considerar es cómo se garantizará la seguridad en el metaverso. La seguridad en línea es una preocupación constante y debe ser abordada de manera efectiva en el metaverso para garantizar que los usuarios puedan acceder a bienes y servicios sin correr el riesgo de ser víctimas de fraude o robo de identidad.

En general, el metaverso tiene el potencial de mejorar significativamente la accesibilidad a bienes y servicios para las personas. Sin embargo, es importante abordar adecuadamente las preocupaciones sobre los derechos del consumidor y la seguridad en línea para garantizar que los beneficios del metaverso se maximicen y los riesgos se minimicen.

Potencial para crear empleos y oportunidades económicas.

El metaverso tiene el potencial de crear una amplia gama de oportunidades económicas y empleos en diversos sectores. A medida que el metaverso crece y se desarrolla, se pueden crear nuevos trabajos en áreas como la tecnología, la construcción virtual, la experiencia del usuario, la programación, el diseño gráfico y muchas otras. Además, el metaverso también puede crear oportunidades para los trabajadores remotos y los autónomos, permitiéndoles colaborar y trabajar juntos sin importar su ubicación física.

Además, el metaverso puede crear oportunidades para los emprendedores que buscan lanzar sus propias empresas virtuales. Al igual que en el mundo físico, las empresas pueden ofrecer bienes y servicios a través del metaverso y llegar a un público global. Los emprendedores también pueden encontrar formas innovadoras de monetizar sus ideas y habilidades en el metaverso, como la creación y venta de productos virtuales o la prestación de servicios de consultoría virtual.

Sin embargo, también es importante tener en cuenta los posibles riesgos económicos asociados con el metaverso. La volatilidad del mercado virtual, la falta de regulación y la competencia pueden presentar desafíos para las empresas que operan en el metaverso. También es posible que algunas personas no tengan acceso a las oportunidades económicas que ofrece el metaverso debido a la falta de acceso a la tecnología y la brecha digital.

En general, el metaverso tiene el potencial de crear empleos y oportunidades económicas significativas en una variedad de sectores, pero es importante abordar los desafíos y riesgos asociados para garantizar que el metaverso sea beneficioso para todos.

Innovaciones en la educación, la salud y otros sectores.

El metaverso tiene el potencial de transformar muchos sectores, incluyendo la educación y la salud. En cuanto a la educación, el metaverso podría ofrecer una experiencia de aprendizaje más inmersiva e interactiva que permita a los estudiantes aprender de manera más efectiva. Por ejemplo, los estudiantes podrían asistir a clases en el metaverso, interactuar con sus profesores y compañeros de clase, y explorar entornos virtuales para obtener una comprensión más profunda de los temas que están estudiando. Además, el metaverso podría permitir que las personas accedan a la educación desde cualquier lugar del mundo, lo que podría ayudar a reducir las desigualdades educativas y a aumentar la accesibilidad.

En cuanto a la salud, el metaverso podría ser utilizado para mejorar la atención médica y la salud mental. Por ejemplo, las personas podrían utilizar el metaverso para acceder a servicios médicos de manera remota, lo que podría ser especialmente útil para aquellas personas que viven en áreas rurales o que tienen dificultades para acceder a atención médica tradicional. Además, el metaverso podría ofrecer terapias y tratamientos virtuales para problemas de salud mental, como la ansiedad o la depresión, lo que podría ayudar a abordar la falta de acceso a la atención de salud mental en muchas partes del mundo.

Sin embargo, también hay riesgos potenciales asociados con la innovación en estos sectores. Por ejemplo, la utilización del metaverso en la educación y la salud podría generar nuevas formas de desigualdad, ya que algunas personas podrían tener acceso a tecnología más avanzada que otras. Además, la privacidad y seguridad de los datos médicos y educativos podrían verse comprometidas si no se toman medidas adecuadas para protegerlos. Es importante que estos riesgos se aborden de manera responsable y ética para garantizar que el metaverso se utilice para mejorar la vida de las personas en lugar de exacerbar las desigualdades existentes.

Mejora de la comunicación y la colaboración en línea.

El metaverso tiene el potencial de transformar la forma en que las personas se comunican y colaboran en línea. En lugar de depender de plataformas de comunicación unidimensionales como correo electrónico o mensajería instantánea, las personas pueden reunirse en espacios virtuales para discutir proyectos, intercambiar ideas y colaborar en tiempo real.

Esto puede ser especialmente beneficioso para aquellos que trabajan en equipos distribuidos geográficamente o que se ven obligados a trabajar desde casa debido a la pandemia de COVID-19. El metaverso podría mejorar la colaboración y la productividad al permitir que las personas trabajen juntas en entornos virtuales, incluso si no están físicamente en el mismo lugar. Además, el metaverso podría mejorar la comunicación y la colaboración en línea al proporcionar un medio más inmersivo y natural de interactuar. Por ejemplo, en lugar de comunicarse a través de una pantalla, las personas podrían interactuar en un espacio virtual que se siente más como una reunión en persona.

Sin embargo, también hay riesgos potenciales asociados con la comunicación y la colaboración en el metaverso. La falta de interacción física podría llevar a una mayor desconexión social y una falta de empatía entre los usuarios. Además, la falta de una regulación adecuada podría llevar a la aparición de comportamientos abusivos y acosadores en línea.

Por lo tanto, es importante abordar estos riesgos y trabajar para crear entornos virtuales seguros y saludables que fomenten la comunicación y la colaboración en línea de una manera ética y responsable.

Riesgos y desafíos del metaverso:

Posible aumento de la brecha digital y de las desigualdades sociales.

A pesar de los beneficios potenciales del metaverso, también es importante reconocer los posibles riesgos y desventajas que podrían surgir. Uno de los principales desafíos es el riesgo de un aumento en la brecha digital y las desigualdades sociales. A medida que el mundo se mueve cada vez más hacia el uso de tecnologías avanzadas, como el metaverso, existe el peligro de que aquellos que no tienen acceso o no están capacitados para utilizar estas tecnologías queden rezagados. Esto puede llevar a una mayor desigualdad social y económica, ya que aquellos que no tienen acceso al metaverso podrían perder oportunidades de trabajo, educación y conexión social.

Además, existe el riesgo de que las desigualdades existentes en el mundo físico se extiendan al metaverso. Por ejemplo, aquellos que tienen mayores recursos financieros y tecnológicos podrían tener una ventaja en la creación y participación en el metaverso, mientras que aquellos que no tienen estos recursos podrían tener dificultades para participar en igualdad de condiciones. Esto podría resultar en una brecha digital aún mayor y un mayor sesgo en la representación de diferentes grupos de personas en el metaverso.

También existe el riesgo de que el metaverso se utilice para fines perjudiciales, como la propagación de información falsa y la incitación al odio y la violencia. Es importante que se establezcan regulaciones y medidas de seguridad adecuadas para prevenir tales usos del metaverso.

Para abordar estos desafíos, es importante considerar cómo se pueden crear oportunidades equitativas para el acceso y la participación en el metaverso. Esto podría implicar políticas públicas y programas de capacitación para aumentar la accesibilidad y la inclusión. También se deben tomar medidas para prevenir la propagación de información falsa y la incitación al odio y la violencia en el metaverso, lo que podría requerir una mayor supervisión y regulación. En general, es importante considerar los posibles impactos del metaverso en las desigualdades sociales y tomar medidas para abordar estos riesgos de manera responsable.

Problemas de seguridad y privacidad para los usuarios.

El metaverso presenta una serie de desafíos en cuanto a la seguridad y la privacidad de los usuarios. En primer lugar, al tratarse de un espacio virtual en el que las personas pueden crear identidades y comunidades, existe el riesgo de que se produzcan ataques cibernéticos, como el robo de datos personales o la suplantación de identidad. Además, los usuarios pueden encontrarse expuestos a contenido inapropiado o a ciberacoso.

Otro desafío importante es la protección de la privacidad de los usuarios. Al crear identidades virtuales, las personas pueden estar más expuestas a la recopilación de datos y al seguimiento de sus actividades en línea. Además, pueden surgir problemas relacionados con la propiedad intelectual, como el robo de diseños o la copia de contenido.

Es importante que las empresas que desarrollan y operan en el metaverso trabajen en soluciones para garantizar la seguridad y la privacidad de los usuarios. Una posible solución es la implementación de medidas de seguridad cibernética y la educación de los usuarios para prevenir ataques y proteger sus datos personales. También se pueden establecer políticas claras sobre la propiedad intelectual y la privacidad de los datos, y se deben respetar los derechos de los usuarios en cuanto a la eliminación de contenido inapropiado y el control sobre su información personal.

En resumen, aunque el metaverso presenta un gran potencial en términos de innovación y desarrollo económico, es importante abordar los desafíos de seguridad y privacidad de manera responsable y ética para proteger a los usuarios y fomentar un entorno seguro y saludable en línea.

Posibilidad de la creación de nuevas formas de adicción y aislamiento social.

Uno de los riesgos potenciales del metaverso es la creación de nuevas formas de adicción y aislamiento social. Al igual que con cualquier plataforma en línea, el uso excesivo del metaverso puede ser perjudicial para la salud mental y física de una persona. Los usuarios pueden sentirse atraídos por el metaverso debido a la posibilidad de experimentar un mundo alternativo y escapar de la realidad, lo que puede llevar a una adicción. La adicción al metaverso podría tener consecuencias negativas en la vida de una persona, incluyendo la pérdida de relaciones sociales, el abandono de responsabilidades y la falta de actividad física.

Además de la adicción, el metaverso también puede aumentar el aislamiento social. Aunque el metaverso ofrece la oportunidad de interactuar con otros usuarios, estas interacciones pueden ser virtuales y no reemplazarán la necesidad de relaciones interpersonales en el mundo físico. Si las personas dependen exclusivamente del metaverso para interactuar con otros, pueden perder habilidades sociales importantes y perder oportunidades de interacción en el mundo físico.

Para abordar estos riesgos potenciales, es importante que los desarrolladores del metaverso integren medidas de seguridad y de bienestar para los usuarios, como límites de tiempo y la promoción de actividades físicas y sociales fuera del metaverso. También es importante que los usuarios sean conscientes de los riesgos potenciales y establezcan límites en su propio uso del metaverso. La educación y la conciencia sobre estos riesgos pueden ayudar a los usuarios a utilizar el metaverso de manera responsable y equilibrada.

Desafíos regulatorios y fiscales para las empresas y los gobiernos.

El desarrollo del metaverso presenta varios desafíos regulatorios y fiscales tanto para las empresas que operan en él como para los gobiernos que deben regular su uso y obtener ingresos a través de impuestos. En primer lugar, hay un desafío regulatorio en torno a la propiedad y la gestión de los metaversos. Dado que estas plataformas pueden ser propiedad de empresas privadas, surge la pregunta de cómo se regularán estas entidades en términos de responsabilidad, derechos de propiedad intelectual y protección al consumidor. Los gobiernos también pueden necesitar abordar cuestiones de soberanía nacional y seguridad, ya que el metaverso permite a los usuarios interactuar y crear contenido en un espacio virtual que trasciende las fronteras físicas.

Además, el metaverso plantea desafíos fiscales significativos para los gobiernos que buscan recaudar ingresos a través de impuestos. Dado que las transacciones en el metaverso pueden ser globales y virtuales, puede ser difícil rastrear y gravar estas actividades. Por ejemplo, los bienes virtuales que se venden en el metaverso pueden no estar sujetos a impuestos como los bienes físicos. Además, la naturaleza global del metaverso puede hacer que sea difícil para los gobiernos regular las transacciones en línea y garantizar que se cumplan las leyes fiscales nacionales y los tratados internacionales.

Otro desafío regulatorio y fiscal es el de la protección de los derechos de propiedad intelectual. Dado que el metaverso permite a los usuarios crear y comercializar contenido virtual, es posible que surjan desafíos en torno a la protección de los derechos de autor, las marcas registradas y las patentes. Las empresas pueden enfrentar desafíos en la gestión de derechos de propiedad intelectual, especialmente en términos de cómo se comparten y protegen los activos virtuales.

Por último, también hay desafíos regulatorios y fiscales en torno a la privacidad y la seguridad de los usuarios. Dado que el metaverso puede requerir que los usuarios compartan información personal, como nombres reales y direcciones de correo electrónico, es importante que las empresas y los gobiernos implementen medidas adecuadas de privacidad y seguridad para garantizar que los datos de los usuarios estén protegidos. Además, los usuarios pueden estar expuestos a amenazas cibernéticas, como el robo de identidad y el fraude en línea, que pueden requerir regulaciones más estrictas para garantizar la seguridad en línea y la protección de los usuarios. En resumen, el metaverso presenta desafíos regulatorios y fiscales significativos que deben abordarse de manera adecuada para garantizar su éxito a largo plazo y su impacto positivo en la sociedad.

Amenazas a la identidad y a la autonomía individual.

El metaverso plantea desafíos significativos a la identidad y a la autonomía individual de los usuarios. En el mundo virtual, las personas pueden crear múltiples identidades y representarse de maneras que difieren de su persona física. Aunque esto puede ser liberador para algunos, también puede ser una fuente de confusión, especialmente si las líneas entre lo real y lo virtual se vuelven cada vez más borrosas. La posibilidad de que las identidades virtuales sean robadas o pirateadas también es un riesgo significativo para la privacidad y la seguridad de los usuarios. Además, el metaverso puede desafiar la autonomía individual en términos de decisiones personales y libertades. A medida que los usuarios pasan más tiempo en el mundo virtual, pueden verse influenciados por las opiniones y acciones de otros usuarios. Los diseñadores de la plataforma y los algoritmos también pueden influir en las experiencias y decisiones de los usuarios, lo que plantea preguntas sobre el poder y la responsabilidad de las empresas tecnológicas. A medida que el metaverso se vuelve más ubicuo en nuestras vidas, es importante que se desarrollen regulaciones y prácticas éticas para proteger la identidad y la autonomía individual de los usuarios.

Posibles soluciones y enfoques para abordar los riesgos y maximizar los beneficios:

Desarrollo de políticas y regulaciones para proteger a los usuarios y promover una competencia justa.

El rápido crecimiento del metaverso ha planteado preocupaciones sobre la necesidad de políticas y regulaciones adecuadas para proteger a los usuarios y promover una competencia justa entre las empresas que operan en el espacio virtual.

Una de las principales preocupaciones es la privacidad y la seguridad de los usuarios en el metaverso. Las empresas deben trabajar para proteger los datos personales de los usuarios y garantizar que las identidades y las transacciones sean seguras. Los reguladores también deben asegurarse de que haya mecanismos para responsabilizar a las empresas en caso de violaciones de seguridad o privacidad.

Además, los reguladores y los gobiernos también deben considerar la posibilidad de que el metaverso pueda exacerbar la desigualdad económica y social. Deben establecer políticas que fomenten una competencia justa y que permitan el acceso equitativo a las oportunidades y los recursos dentro del metaverso.

Otro desafío es la necesidad de regular la publicidad y las transacciones comerciales en el metaverso. Las empresas deben ser responsables de garantizar que las transacciones sean claras y justas, y que la publicidad sea ética y no engañosa. Las políticas y regulaciones también deben abordar la cuestión de la propiedad intelectual y los derechos de autor en el metaverso.

Por último, se necesita una política y regulación clara para abordar la cuestión de la adicción al metaverso y la posible alienación social que puede derivarse del aislamiento de las personas en el mundo virtual. Las empresas deben trabajar para garantizar que sus plataformas no se conviertan en un factor que contribuya a la adicción o a la depresión, y los reguladores deben estar preparados para intervenir si se producen situaciones problemáticas.

En conclusión, el metaverso presenta una serie de desafíos regulatorios y fiscales que deben abordarse adecuadamente para garantizar la protección de los usuarios y fomentar una competencia justa y equitativa en el espacio virtual. Las políticas y regulaciones deben tener en cuenta la privacidad y la seguridad de los usuarios, la desigualdad social y económica, la publicidad y las transacciones comerciales, la propiedad intelectual y los derechos de autor, así como la posible adicción y aislamiento social en el mundo virtual.

Mejora de las tecnologías de seguridad y privacidad.

La seguridad y la privacidad son aspectos cruciales para la adopción y el éxito del metaverso. En este sentido, se están desarrollando tecnologías y herramientas para mejorar la protección de los usuarios en el entorno virtual.

Una de las tecnologías que se están investigando es la criptografía, que permite proteger la privacidad de los usuarios y la seguridad de sus transacciones. La tecnología blockchain, por ejemplo, se está utilizando para desarrollar metaversos descentralizados y seguros. Estos metaversos utilizan criptomonedas para transacciones y cuentan con sistemas de identificación seguros que protegen la privacidad de los usuarios.

Otra tecnología que se está utilizando para mejorar la seguridad y la privacidad es la inteligencia artificial (IA). La IA se está utilizando para detectar y prevenir el acoso, el fraude y otros tipos de comportamientos malintencionados en el metaverso. También se está desarrollando IA para mejorar la seguridad de las transacciones y para proteger la privacidad de los usuarios.

Además de estas tecnologías, también se están desarrollando políticas y regulaciones para proteger a los usuarios y promover una competencia justa en el metaverso. Las empresas y los gobiernos están trabajando juntos para establecer normas y estándares que aseguren la privacidad y la seguridad de los usuarios. Estas políticas y regulaciones incluyen la protección de datos personales, la prevención del acoso y la discriminación, y la protección de los derechos de propiedad intelectual.

En resumen, la seguridad y la privacidad son aspectos cruciales del metaverso y se están desarrollando tecnologías y políticas para mejorar su protección. La criptografía, la IA y las políticas y regulaciones son algunas de las herramientas que se están utilizando para proteger a los usuarios y promover una competencia justa en el entorno virtual. Con el tiempo, se espera que estas herramientas y tecnologías evolucionen para hacer del metaverso un entorno aún más seguro y privado para sus usuarios.

Investigación y análisis de las implicaciones éticas y sociales del metaverso.

La creciente popularidad del metaverso ha llevado a la necesidad de investigar y analizar sus implicaciones éticas y sociales. Se trata de un espacio virtual que ofrece múltiples posibilidades y beneficios, pero también plantea desafíos importantes para la sociedad en su conjunto. Por ello, se han llevado a cabo numerosos estudios sobre el tema para comprender mejor sus posibles efectos en la cultura, la economía, la privacidad y la seguridad, entre otros aspectos.

Una de las principales preocupaciones éticas del metaverso se refiere al uso indebido de los datos personales de los usuarios. Dado que se trata de un espacio digital en el que los usuarios comparten información y datos, es fundamental que existan políticas de privacidad y seguridad para proteger a los usuarios de la posible explotación y el uso indebido de sus datos. También es importante que existan mecanismos para garantizar que los usuarios tengan el control sobre sus datos y que puedan decidir cómo se utilizan.

Otro tema ético importante es la posibilidad de que se creen nuevas formas de discriminación y desigualdad en el metaverso. Por ejemplo, podría ocurrir que ciertos grupos sociales o económicos tengan más acceso y poder en el metaverso, lo que podría perpetuar o incluso amplificar las desigualdades sociales existentes en el mundo físico. Por ello, es necesario implementar medidas para garantizar una competencia justa y la igualdad de oportunidades en el metaverso.

Además, el metaverso también plantea cuestiones éticas relacionadas con la identidad y la autonomía individual. Por ejemplo, podría ocurrir que los usuarios pierdan su capacidad para tomar decisiones y controlar su propia identidad en el metaverso, lo que podría tener efectos negativos en su bienestar y libertad individual. Por ello, es importante que se desarrollen políticas y regulaciones para proteger a los usuarios y garantizar su autonomía y libertad.

En cuanto a las implicaciones sociales del metaverso, es importante analizar su posible impacto en la cultura, la educación y la economía. El metaverso podría ser utilizado para promover la creatividad y la innovación en el arte y la cultura, así como para mejorar la educación y el aprendizaje en línea. Sin embargo, también podría tener efectos negativos en la economía y en la creación de empleos, especialmente si se utilizan tecnologías avanzadas para automatizar ciertos trabajos.

En conclusión, el análisis de las implicaciones éticas y sociales del metaverso es fundamental para garantizar que se utilice de manera responsable y que se protejan los derechos y la privacidad de los usuarios. Es necesario seguir investigando y debatiendo sobre los desafíos que plantea el metaverso y desarrollar políticas y regulaciones para proteger a los usuarios y promover una competencia justa.

Educación y concientización sobre el uso responsable y ético del metaverso.

La educación y concientización sobre el uso responsable y ético del metaverso es crucial para garantizar que los usuarios comprendan los riesgos y las implicaciones de su participación en este mundo virtual en constante evolución. A medida que más personas acceden al metaverso, se hace más importante que nunca abordar las cuestiones éticas y sociales que surgen de su uso.

Una de las principales preocupaciones es la privacidad y seguridad de los usuarios. A medida que los usuarios crean identidades virtuales y comparten información personal, existe el riesgo de que la información sea robada, hackeada o utilizada de manera inapropiada. Es importante que los usuarios comprendan cómo proteger su información y cómo las empresas están protegiendo su privacidad.

Otra preocupación es la creación de nuevas formas de adicción y aislamiento social en el metaverso. Es importante que los usuarios comprendan cómo el uso excesivo del metaverso puede afectar su bienestar y cómo establecer límites saludables para su uso.

Además, existe el riesgo de que el metaverso perpetúe las desigualdades sociales existentes en el mundo físico, por lo que es importante abordar estas cuestiones y trabajar para crear un entorno más equitativo e inclusivo. Las políticas y regulaciones también son importantes para garantizar una competencia justa y evitar la monopolización del metaverso por parte de unas pocas empresas.

En última instancia, la educación y la concientización son fundamentales para garantizar que el metaverso sea utilizado de manera responsable y ética. Los usuarios deben comprender las implicaciones de su participación en el metaverso y trabajar para proteger su privacidad y seguridad, establecer límites saludables para su uso y promover la igualdad y la inclusión. Las empresas y los gobiernos también tienen un papel importante que desempeñar en la promoción de políticas y regulaciones que protejan a los usuarios y fomenten una competencia justa en el metaverso.

Fomento de la colaboración entre empresas, gobiernos y la sociedad civil para abordar los desafíos del metaverso.

El metaverso es un fenómeno que está en constante evolución y que tiene un gran potencial para cambiar la forma en que interactuamos, trabajamos y vivimos. Sin embargo, también presenta desafíos significativos que deben ser abordados de manera proactiva para garantizar que el metaverso tenga un impacto positivo en la sociedad en general.

Una forma de abordar estos desafíos es fomentando la colaboración entre empresas, gobiernos y la sociedad civil. La colaboración es esencial para abordar los desafíos complejos del metaverso y para aprovechar al máximo sus oportunidades.

Las empresas pueden colaborar con otras empresas, así como con gobiernos y organizaciones de la sociedad civil, para desarrollar políticas y prácticas responsables en el metaverso. También pueden trabajar juntas para desarrollar tecnologías de seguridad y privacidad más avanzadas, lo que garantizaría la protección de los usuarios.

Los gobiernos también tienen un papel importante que desempeñar en la promoción de políticas y regulaciones que protejan a los usuarios del metaverso y que fomenten una competencia justa. Los gobiernos pueden colaborar con empresas y organizaciones de la sociedad civil para garantizar que el metaverso sea seguro y justo para todos.

La sociedad civil también puede desempeñar un papel importante en el fomento de la colaboración. Las organizaciones de la sociedad civil pueden trabajar con empresas y gobiernos para promover políticas y prácticas responsables en el metaverso y para proteger a los usuarios.

Además, la educación y la concientización sobre el uso responsable y ético del metaverso son esenciales para garantizar que los usuarios estén informados y puedan tomar decisiones informadas sobre su participación en el metaverso. Las empresas, los gobiernos y las organizaciones de la sociedad civil pueden colaborar para proporcionar información y recursos educativos para ayudar a los usuarios a comprender mejor los riesgos y oportunidades del metaverso.

En resumen, la colaboración es clave para abordar los desafíos del metaverso y para aprovechar al máximo sus oportunidades. Las empresas, los gobiernos y la sociedad civil deben trabajar juntos para promover políticas y prácticas responsables en el metaverso, y para educar a los usuarios sobre el uso ético y responsable del metaverso. Solo así se puede garantizar que el metaverso tenga un impacto positivo en la sociedad en general.

Capítulo 11

Futuro del metaverso:
¿Qué podemos esperar en los próximos años?

Evolución tecnológica:

El futuro del metaverso dependerá en gran medida de cómo evolucione la tecnología que lo sustenta. En los próximos años, se espera que se produzcan avances significativos en áreas como la inteligencia artificial, la realidad virtual y aumentada, y la computación en la nube, que podrían transformar radicalmente la forma en que utilizamos el metaverso.

Una de las tendencias más importantes en el desarrollo del metaverso es la integración de la inteligencia artificial en las plataformas. Esto permitiría una mayor interacción entre los usuarios y los personajes no jugables, así como una experiencia de usuario más personalizada y adaptada a las preferencias individuales. Además, la integración de la inteligencia artificial podría mejorar la calidad de los entornos virtuales, permitiendo una mayor inmersión y realismo.

Otro avance tecnológico importante para el metaverso es la realidad virtual y aumentada. La tecnología de realidad virtual está mejorando rápidamente, permitiendo una mayor inmersión en los entornos virtuales. La realidad aumentada, por otro lado, podría permitir una mayor integración entre el mundo físico y el metaverso, lo que podría tener implicaciones significativas para la educación, el entretenimiento y otros sectores.

La computación en la nube también jugará un papel importante en la evolución del metaverso. Las plataformas de metaverso requieren una gran cantidad de recursos de computación y almacenamiento, y la tecnología de la nube podría proporcionar una solución escalable y rentable para estas necesidades. Además, la computación en la nube podría permitir una mayor colaboración entre usuarios en tiempo real, lo que podría transformar la forma en que trabajamos y nos comunicamos en línea.

Sin embargo, también existen desafíos técnicos que deberán superarse en el futuro del metaverso. Uno de los desafíos más importantes es la latencia, o la cantidad de tiempo que tarda una acción en el mundo virtual en reflejarse en la pantalla del usuario. La latencia puede afectar significativamente la experiencia del usuario en el metaverso, por lo que es importante desarrollar soluciones que minimicen este problema.

En última instancia, las innovaciones que podrían transformar la forma en que utilizamos el metaverso son difíciles de predecir. Sin embargo, es probable que el metaverso continúe evolucionando y expandiéndose en los próximos años, y es probable que las empresas y los usuarios se adapten a las nuevas tecnologías y tendencias a medida que surjan.

Expansión del metaverso:

En el futuro del metaverso, una de las cuestiones fundamentales es cómo se expandirá en los próximos años. A medida que se desarrollan nuevas tecnologías y se exploran nuevos casos de uso, es posible que veamos una adopción más amplia del metaverso. En este punto, se deben examinar los posibles escenarios de crecimiento, las regiones geográficas que podrían adoptarlo con mayor rapidez y las barreras que deberán superarse para que el metaverso sea accesible a un público más amplio.

Una de las tendencias actuales es la creciente demanda de experiencias inmersivas y sociales en línea, lo que sugiere que el metaverso tiene un gran potencial para la expansión en el futuro. En este sentido, es importante señalar que el metaverso es aún relativamente desconocido por el público en general, por lo que se necesitará educación y conciencia para que se adopte más ampliamente.

Además, es probable que la expansión del metaverso dependa de factores como el acceso a tecnologías adecuadas, la disponibilidad de infraestructura de red adecuada y la capacidad de los desarrolladores para crear experiencias inmersivas y atractivas que atraigan a los usuarios. Por lo tanto, los desarrolladores y las empresas deberán trabajar en conjunto para crear experiencias de usuario convincentes y asegurarse de que el metaverso sea fácilmente accesible para un público más amplio.

Otro desafío clave para la expansión del metaverso es la necesidad de asegurar que la tecnología sea accesible y asequible para todos, independientemente de su ubicación geográfica o su nivel de ingresos. En este sentido, se deberán abordar las brechas digitales existentes y garantizar que el acceso a la tecnología no esté limitado por cuestiones económicas.

En cuanto a las regiones geográficas que podrían adoptar el metaverso con mayor rapidez, se espera que Asia y América Latina sean mercados importantes en los próximos años debido a su creciente población y su alta penetración de dispositivos móviles. Además, la pandemia de COVID-19 ha acelerado la adopción del trabajo remoto y la educación en línea, lo que podría aumentar el interés en el metaverso en todo el mundo.

En resumen, el futuro del metaverso dependerá de cómo se desarrolle la tecnología subyacente y de cómo se aborden los desafíos técnicos y sociales. Es probable que veamos una adopción más amplia del metaverso en los próximos años, pero será necesario trabajar en conjunto para crear experiencias de usuario convincentes y asegurarse de que la tecnología sea accesible y asequible para todos.

Nuevas aplicaciones:

A medida que el metaverso sigue evolucionando, se están explorando una amplia gama de nuevas aplicaciones que podrían transformar aún más la forma en que lo utilizamos. En particular, existen varias áreas que podrían experimentar una mayor adopción en el futuro.

Una de estas áreas es la educación. El metaverso podría utilizarse para crear entornos de aprendizaje inmersivos y altamente interactivos que permitan a los estudiantes explorar y experimentar conceptos de una manera que no es posible en el mundo físico. Por ejemplo, los estudiantes podrían participar en simulaciones realistas de experimentos científicos o explorar monumentos históricos en línea. Por ejemplo, se podrían crear experiencias inmersivas y en tiempo real en las que los estudiantes interactúen con sus compañeros y docentes en un ambiente virtual. Además, se podrían utilizar avatares para simular situaciones prácticas, lo que permitiría a los estudiantes aplicar sus conocimientos en un entorno seguro y controlado.

La salud es otra área en la que el metaverso podría tener un gran impacto. Las tecnologías de realidad virtual y aumentada ya se están utilizando para mejorar la formación de los médicos y para la terapia de pacientes con trastornos mentales. En el futuro, el metaverso podría utilizarse para crear entornos de tratamiento más inmersivos y personalizados que permitan a los pacientes recuperarse más rápidamente. Se podrían utilizar avatares para simular procedimientos médicos y entrenar a los profesionales de la salud en un entorno virtual antes de realizarlos en el mundo real. Además, se podría crear un metaverso para pacientes que necesitan tratamiento a largo plazo, en el que puedan interactuar con sus médicos y terapeutas de manera remota y recibir atención médica de alta calidad en cualquier momento y lugar.

El entretenimiento también es una aplicación obvia del metaverso, y es probable que siga siendo una de las principales áreas de adopción en el futuro. Los mundos virtuales podrían utilizarse para crear experiencias de juego más inmersivas y sociales, así como para eventos en línea como conciertos y festivales.

Por último, la publicidad y el marketing también podrían ser áreas importantes de adopción en el futuro del metaverso. Los mundos virtuales ofrecen nuevas oportunidades para la publicidad y el marketing, permitiendo a las marcas crear experiencias de marca inmersivas y altamente interactivas.

Sin embargo, a medida que el metaverso se expande en estas y otras áreas, también surgirán nuevos desafíos. Por ejemplo, la privacidad y la seguridad seguirán siendo una preocupación importante a medida que el metaverso se convierta en la realidad de todos los días. En resumen, el futuro del metaverso es emocionante y lleno de posibilidades. Se espera que la tecnología continúe evolucionando y expandiéndose a nuevas áreas y que se superen los desafíos técnicos, éticos y sociales. Además, se espera que las aplicaciones actuales y futuras del metaverso sean cada vez más relevantes y transformen la forma en que interactuamos con el mundo virtual y el mundo real.

Interoperabilidad:

La integración del metaverso con otras tecnologías y sistemas es un desafío importante para su futuro desarrollo. En la actualidad, el metaverso se basa en una serie de tecnologías, como la realidad virtual y aumentada, la inteligencia artificial y la computación en la nube, entre otras. En los próximos años, será importante establecer los estándares y protocolos necesarios para que estas tecnologías puedan integrarse de manera fluida y eficiente.

Un aspecto clave de esta integración será la interoperabilidad entre diferentes plataformas y sistemas. Actualmente, el metaverso se compone de múltiples mundos virtuales y comunidades en línea, cada uno con sus propias reglas y protocolos. Para que el metaverso pueda crecer y evolucionar de manera efectiva, será necesario establecer estándares comunes para la transferencia de datos y la comunicación entre estos mundos. Esto permitiría a los usuarios moverse fácilmente de un mundo a otro y permitiría la creación de nuevas experiencias y servicios que abarquen múltiples plataformas.

Otro aspecto importante de la integración del metaverso con otras tecnologías es la seguridad y la privacidad de los usuarios. A medida que se integren más datos y sistemas en el metaverso, será necesario asegurarse de que estos datos estén protegidos contra accesos no autorizados y que se respeten los derechos de privacidad de los usuarios. Se requerirán soluciones de seguridad robustas y mecanismos de protección de datos para garantizar que el metaverso sea un entorno seguro y confiable para todos los usuarios.

Por otro lado, la integración del metaverso con otras tecnologías también presenta oportunidades para la creación de nuevos servicios y aplicaciones. Por ejemplo, la integración de tecnologías de inteligencia artificial y análisis de datos podría permitir la creación de servicios de análisis y toma de decisiones más avanzados en el metaverso. De manera similar, la integración del metaverso con sistemas de realidad aumentada y virtual podría permitir la creación de nuevas experiencias de usuario que abarquen tanto el mundo físico como el virtual.

En conclusión, la integración del metaverso con otras tecnologías y sistemas es un desafío y una oportunidad clave para su futuro desarrollo. Para que el metaverso pueda evolucionar de manera efectiva, será necesario establecer estándares y protocolos para permitir la interoperabilidad y la seguridad de los usuarios, al mismo tiempo que se aprovechan las oportunidades para la creación de nuevos servicios y aplicaciones.

Nuevas formas de interacción social:

La transformación de la forma en que las personas interactúan en línea es uno de los posibles impactos sociales más significativos del metaverso. En el futuro, el metaverso podría permitir la creación de comunidades virtuales más fuertes y diversas, y fomentar la colaboración y la creatividad en nuevas formas. Las posibilidades de interacción en el metaverso son infinitas y van desde la comunicación en tiempo real con personas de todo el mundo hasta la creación de mundos virtuales en los que las personas pueden interactuar en actividades colaborativas, como juegos o simulaciones.

En este sentido, la tecnología del metaverso tiene el potencial de permitir que las personas se conecten de maneras que nunca antes habían sido posibles. El metaverso podría crear una sensación de presencia que supera la experiencia de la interacción en línea que tenemos hoy en día. En lugar de simplemente leer las palabras de alguien en una pantalla, podríamos interactuar con ellos en un entorno virtual en tiempo real, lo que podría aumentar la sensación de comunidad y conexión interpersonal.

Sin embargo, la creación de nuevas formas de interacción también plantea desafíos. El metaverso podría aumentar la brecha digital y exacerbar las desigualdades sociales, especialmente si no se toman medidas para asegurarse de que todas las personas tengan acceso y se sientan seguras en este entorno. Además, la privacidad y la seguridad también son preocupaciones importantes, ya que el metaverso podría permitir la creación de nuevas formas de acoso y abuso en línea.

En última instancia, el metaverso tiene el potencial de ser un lugar donde las personas puedan interactuar y conectarse de maneras significativas y creativas. Sin embargo, para que esto sea una realidad, es importante que los diseñadores y los usuarios trabajen juntos para garantizar que el metaverso sea un lugar seguro y accesible para todos.

Impacto en la economía y la sociedad:

La adopción del metaverso tiene el potencial de tener un impacto significativo en la economía y la sociedad en su conjunto. En primer lugar, se espera que la creación y el desarrollo del metaverso generen nuevas oportunidades de empleo y crecimiento económico. Las empresas y los desarrolladores que trabajan en el metaverso requerirán una amplia gama de habilidades y conocimientos, desde la programación y la ingeniería hasta el diseño y la producción de contenido. Además, se espera que el metaverso atraiga una gran cantidad de inversión, lo que podría impulsar la innovación y el desarrollo económico en las regiones que adopten la tecnología.

Sin embargo, la adopción del metaverso también podría plantear desafíos económicos y sociales significativos. Por ejemplo, el metaverso podría tener un impacto en la economía del mundo real, ya que los usuarios podrían preferir gastar su tiempo y dinero en el metaverso en lugar de en el mundo físico. Además, la creación de una economía virtual dentro del metaverso podría generar desigualdades económicas y sociales entre los usuarios. Los usuarios que tienen acceso a recursos y habilidades dentro del metaverso podrían beneficiarse de un mayor éxito y riqueza, mientras que aquellos que no tienen acceso podrían quedar rezagados.

Para abordar estos desafíos, es importante que los gobiernos y las empresas implementen políticas que protejan los derechos de los usuarios y promuevan una competencia justa en el metaverso. También es necesario fomentar la educación y la alfabetización digital para garantizar que todos los usuarios tengan acceso a las habilidades y conocimientos necesarios para tener éxito en el metaverso. Además, es importante establecer sistemas de protección para los usuarios vulnerables, como los niños y las personas con discapacidades, para garantizar que estén seguros y protegidos en línea.

En conclusión, la adopción del metaverso tiene el potencial de transformar la economía y la sociedad en su conjunto. Si bien es importante reconocer los desafíos y riesgos asociados con la tecnología, también es importante explorar las oportunidades y beneficios que podría ofrecer. Con una planificación cuidadosa y una implementación estratégica, es posible maximizar los beneficios del metaverso mientras se minimizan los riesgos y se protege a los usuarios.

Ética y responsabilidad:

La adopción del metaverso en el futuro plantea importantes desafíos éticos y de responsabilidad que deben ser abordados para garantizar su uso seguro y responsable. Entre ellos se encuentran la privacidad, la seguridad, la identidad, la manipulación de la información y la creación de adicciones. Es importante considerar cómo se pueden establecer políticas y regulaciones para garantizar que el metaverso sea utilizado de manera ética y responsable.

Es necesario que las empresas y los gobiernos trabajen juntos para establecer políticas claras que aborden estos desafíos. Las políticas deberían centrarse en la protección de los derechos y la privacidad de los usuarios, así como en la promoción de una competencia justa y la prevención de la creación de monopolios en el mercado del metaverso.

También es fundamental educar y concientizar a los usuarios sobre el uso responsable y ético del metaverso. Las empresas pueden desempeñar un papel importante en la promoción de la educación y la concientización mediante la creación de recursos y materiales de capacitación para los usuarios.

Por último, es importante fomentar la colaboración entre empresas, gobiernos y la sociedad civil para abordar los desafíos éticos y de responsabilidad del metaverso. La colaboración podría incluir la creación de grupos de trabajo y la organización de conferencias y eventos para discutir y abordar estos temas críticos.

En resumen, el futuro del metaverso presenta desafíos éticos y de responsabilidad que deben ser abordados de manera proactiva. Es esencial establecer políticas y regulaciones claras, educar a los usuarios y fomentar la colaboración entre empresas, gobiernos y la sociedad civil para garantizar que el metaverso sea utilizado de manera ética y responsable.

Capítulo 12

Conclusiones:
¿Cómo el metaverso cambiará la forma en que vivimos y trabajamos?

El metaverso es una tecnología emergente que promete revolucionar la forma en que interactuamos con el mundo digital. Si bien todavía se encuentra en una etapa temprana de desarrollo, su adopción está creciendo rápidamente y se espera que tenga un impacto significativo en la sociedad y la economía en los próximos años.

A medida que la tecnología que sustenta el metaverso sigue evolucionando, es probable que se produzcan importantes avances en términos de eficiencia, escalabilidad y seguridad. Las tendencias actuales sugieren que el metaverso se expandirá en los próximos años, llegando a regiones geográficas más diversas y a un público más amplio. No obstante, para que esto ocurra, será necesario superar algunos desafíos técnicos y establecer estándares de interoperabilidad para permitir la integración con otras tecnologías y sistemas.

El metaverso tiene un gran potencial para transformar la forma en que interactuamos en línea, lo que podría tener importantes implicaciones sociales. Por ejemplo, es posible que surjan nuevas formas de interacción social y nuevas estructuras comunitarias, lo que podría cambiar la forma en que las personas se relacionan en línea y en la vida real. Asimismo, el metaverso podría transformar la economía y la forma en que trabajamos, dando lugar a nuevas oportunidades de empleo y nuevas formas de generación de valor.

Es importante tener en cuenta que el metaverso también presenta desafíos y riesgos, incluyendo la posibilidad de aumentar la brecha digital y la posibilidad de generar nuevos tipos de desigualdades sociales. Para aprovechar al máximo los beneficios del metaverso, será fundamental considerar las implicaciones éticas y de responsabilidad que surgen de su adopción y establecer políticas y regulaciones para garantizar su adopción segura y responsable.

El metaverso representa una oportunidad sin precedentes para empresas, gobiernos y ciudadanos de todo el mundo. Con su capacidad para proporcionar una experiencia inmersiva y conectada, el metaverso ofrece una amplia gama de oportunidades para interactuar y colaborar en nuevas formas. Los usuarios pueden interactuar en tiempo real, compartir información y trabajar juntos en proyectos en línea, lo que puede ser especialmente beneficioso para equipos distribuidos geográficamente.

Además de las oportunidades de colaboración, el metaverso también ofrece un potencial para la creación de nuevos servicios y aplicaciones. Por ejemplo, la educación y la capacitación pueden beneficiarse enormemente de la capacidad del metaverso para proporcionar una experiencia de aprendizaje inmersiva. Las personas pueden interactuar con entornos educativos y simulaciones, lo que puede ser especialmente beneficioso para la educación STEM (ciencia, tecnología, ingeniería y matemáticas).

Otras aplicaciones que podrían beneficiarse del metaverso incluyen la atención médica y la terapia, el comercio electrónico y la publicidad, y la creación de experiencias de entretenimiento inmersivas. En la atención médica, el metaverso podría proporcionar un entorno virtual para que los pacientes interactúen con los médicos y reciban tratamientos y terapias en línea. En el comercio electrónico y la publicidad, el metaverso podría permitir la creación de tiendas y anuncios virtuales, lo que podría mejorar la experiencia del usuario y aumentar la eficacia de las campañas publicitarias.

En el entretenimiento, el metaverso podría transformar la forma en que las personas consumen y experimentan el entretenimiento. Las películas, los programas de televisión y los eventos deportivos podrían convertirse en experiencias inmersivas en el metaverso, lo que podría ofrecer una experiencia más envolvente y personalizada para los usuarios.

Aunque el metaverso ofrece muchas oportunidades, también plantea importantes desafíos y riesgos. La seguridad y la privacidad son preocupaciones clave, ya que las personas comparten cada vez más información personal y financiera en línea. Si bien la adopción de medidas de seguridad y privacidad es fundamental para proteger a los usuarios, también existe el riesgo de un mayor control por parte de un pequeño grupo de empresas o actores. Esto podría limitar la libertad y la diversidad en el metaverso, lo que a su vez podría tener implicaciones negativas para la economía y la sociedad en general.

Otro desafío importante es la interoperabilidad y la integración con otras tecnologías y sistemas. A medida que el metaverso se vuelve más complejo y diverso, se necesitarán estándares y protocolos que permitan a los diferentes sistemas y aplicaciones comunicarse entre sí de manera efectiva. Esto es fundamental para garantizar la accesibilidad y la funcionalidad del metaverso a largo plazo.

Además, la adopción del metaverso podría tener importantes implicaciones sociales y culturales. Es posible que el metaverso transforme la forma en que las personas interactúan en línea, lo que a su vez podría tener implicaciones para las relaciones sociales y las estructuras comunitarias en la vida real. También podrían surgir nuevas formas de exclusión y discriminación en el metaverso, que deberán ser abordadas para garantizar una sociedad más justa y equitativa.

Por último, es importante considerar las implicaciones éticas y de responsabilidad que surgen de la adopción del metaverso. A medida que el metaverso se convierte en una parte cada vez más importante de la vida cotidiana de las personas, es fundamental que se establezcan políticas y regulaciones para garantizar su adopción segura y responsable. Esto incluye medidas para proteger los derechos y la privacidad de los usuarios, así como para abordar los posibles efectos negativos en la economía y la sociedad en general.

A medida que el metaverso continúa evolucionando y expandiéndose, se vuelven más evidentes los desafíos y riesgos que presenta. Entre los principales desafíos se encuentra la seguridad y privacidad de los usuarios. A medida que las personas se involucran cada vez más en el metaverso y comparten información personal, se vuelve crucial garantizar la protección de sus datos y la seguridad de sus cuentas. Además, la posibilidad de un mayor control por parte de un pequeño grupo de empresas o actores es un riesgo importante que debe abordarse. Si se permite que un pequeño grupo de empresas domine el metaverso, podrían surgir preocupaciones sobre la competencia justa y el poder monopólico.

Para maximizar los beneficios del metaverso y minimizar los riesgos, es necesario establecer políticas y regulaciones sólidas que fomenten una competencia justa y protejan los derechos de los usuarios. Las políticas regulatorias y las leyes antimonopolio deben tener en cuenta la naturaleza única del metaverso y garantizar que no se limite la innovación y la competencia. Además, se deben establecer medidas de seguridad y privacidad sólidas que protejan a los usuarios del metaverso de posibles riesgos.

Otro desafío importante será el desarrollo de tecnologías de seguridad y privacidad más avanzadas. Las tecnologías actuales pueden ser insuficientes para proteger la información personal de los usuarios en el metaverso, por lo que se necesitan nuevos sistemas de seguridad y privacidad que sean capaces de hacer frente a los nuevos desafíos que presenta este entorno digital. A medida que el metaverso se vuelve más complejo, también aumenta la necesidad de sistemas más sofisticados que puedan garantizar la seguridad y privacidad de los usuarios.

Finalmente, fomentar la educación y la conciencia pública sobre el uso responsable y ético del metaverso será clave para garantizar su adopción segura y responsable. Las personas necesitan entender los riesgos y beneficios del metaverso y ser educadas en cómo utilizarlo de manera responsable y ética. Los gobiernos, las empresas y las organizaciones de la sociedad civil pueden desempeñar un papel importante en la educación pública y la promoción de prácticas responsables en el uso del metaverso.

A medida que el metaverso continúa su desarrollo, es probable que veamos cambios significativos en la forma en que vivimos y trabajamos. En primer lugar, el metaverso podría crear nuevas oportunidades de empleo y cambiar la forma en que trabajamos. Con la capacidad de colaborar en tiempo real y en un espacio virtual, los empleados pueden trabajar desde cualquier lugar del mundo y colaborar con colegas en tiempo real sin tener que desplazarse físicamente. Esto podría transformar la forma en que pensamos sobre el trabajo y la oficina, y permitir nuevas formas de trabajo y productividad.

Además, el metaverso podría cambiar la forma en que interactuamos con los demás. A través de avatares y mundos virtuales, podemos interactuar con personas de todo el mundo en tiempo real y en un espacio virtual compartido. Esto podría crear nuevas formas de conectarnos con otras personas y construir comunidades más allá de las limitaciones geográficas y culturales.

Finalmente, el metaverso podría transformar la forma en que pensamos sobre el espacio físico y virtual. A medida que el metaverso se integra con la tecnología de realidad aumentada y realidad virtual, podemos crear experiencias virtuales que se superpongan en el mundo físico. Esto podría permitir nuevas formas de educación, turismo, compras y entretenimiento que fusionen lo físico y lo virtual de una manera nunca vista antes.

A pesar de los posibles beneficios, el metaverso también presenta desafíos y riesgos importantes. Es fundamental que se desarrollen políticas y regulaciones sólidas que fomenten una competencia justa y protejan los derechos de los usuarios, mientras se promueve el uso responsable y ético del metaverso. En general, el metaverso es una tecnología emocionante y transformadora que tiene el potencial de cambiar la forma en que vivimos y trabajamos.

A medida que el metaverso se convierte en una parte cada vez más integral de nuestra vida diaria, es importante que consideremos constantemente sus implicaciones éticas y sociales. Si bien el metaverso ofrece muchas oportunidades emocionantes para interactuar y colaborar con otros, también existe la posibilidad de que se produzcan cambios significativos en nuestras relaciones sociales y comunitarias.

Por lo tanto, es fundamental que pensemos cuidadosamente en cómo podemos garantizar que el metaverso se adopte de manera segura, justa y responsable. Esto podría incluir el establecimiento de políticas y regulaciones sólidas para garantizar una competencia justa y proteger los derechos de los usuarios, así como la promoción de la educación y la conciencia pública sobre el uso ético del metaverso.

Además, también es importante considerar cómo se está moldeando nuestra percepción del espacio físico y virtual en el metaverso. Si bien el metaverso ofrece muchas oportunidades para explorar nuevos mundos virtuales y experiencias, también existe el riesgo de que se produzca una desconexión del mundo físico y una pérdida de contacto con la realidad.

En resumen, el metaverso ofrece una amplia gama de oportunidades emocionantes para vivir y trabajar en un mundo virtual, pero también presenta importantes desafíos y riesgos. A medida que avanza el desarrollo del metaverso, es importante que sigamos reflexionando sobre sus implicaciones éticas y sociales y trabajando juntos para garantizar que se adopte de manera segura, justa y responsable.

Capítulo Extra:

Las 5 leyes del Metaverso

Ley de la interoperabilidad: esta ley establece que el metaverso debe ser interoperable, es decir, que diferentes plataformas y sistemas deben poder comunicarse y trabajar juntos sin problemas.

Ley de la identidad digital: esta ley establece que el metaverso debe permitir que las personas tengan identidades digitales únicas y seguras que puedan ser utilizadas en diferentes plataformas y servicios.

Ley de la propiedad virtual: esta ley establece que los objetos y activos virtuales creados en el metaverso deben ser propiedad de sus creadores y propietarios, y deben poder ser intercambiados y comercializados de manera justa y segura.

Ley de la privacidad y seguridad: esta ley establece que el metaverso debe garantizar la privacidad y seguridad de los usuarios, protegiendo sus datos y evitando posibles violaciones de la privacidad.

Ley de la accesibilidad: esta ley establece que el metaverso debe ser accesible para todos, independientemente de su origen socioeconómico, género, raza, edad o capacidad física. El metaverso debe estar diseñado de manera inclusiva para garantizar que todas las personas tengan igualdad de oportunidades para participar y beneficiarse de sus servicios y aplicaciones.

Ley de la interoperabilidad

La Ley de la Interoperabilidad es una de las cinco leyes del metaverso, y es fundamental para garantizar que los diferentes sistemas y tecnologías que forman parte del metaverso puedan trabajar juntos de manera efectiva. En esencia, la interoperabilidad se refiere a la capacidad de diferentes sistemas o plataformas para comunicarse y compartir datos de manera transparente y sin problemas.

En el contexto del metaverso, la interoperabilidad es clave para permitir la creación de un espacio virtual verdaderamente integrado y conectado. Esto significa que los usuarios podrán moverse sin problemas entre diferentes mundos virtuales, plataformas y dispositivos, y que podrán interactuar con otros usuarios independientemente del sistema o plataforma que estén utilizando.

Además de mejorar la experiencia del usuario, la interoperabilidad también es importante desde una perspectiva empresarial. La interoperabilidad permite a las empresas crear y distribuir contenido y servicios en una variedad de plataformas y sistemas, lo que significa que pueden llegar a una audiencia más amplia y maximizar su alcance y rentabilidad.

Sin embargo, lograr la interoperabilidad en el metaverso no es una tarea sencilla. Hay muchos desafíos técnicos y prácticos que deben superarse, incluyendo la compatibilidad entre diferentes plataformas y tecnologías, la seguridad y la privacidad de los datos, y la gestión de derechos de autor y propiedad intelectual.

Una de las formas en que se está abordando la interoperabilidad en el metaverso es a través del desarrollo de estándares comunes. Estos estándares permiten que diferentes plataformas y tecnologías se comuniquen y compartan datos de manera más efectiva, y facilitan la creación de contenido y servicios que sean interoperables en todas las plataformas.

Un ejemplo de un estándar común que se está desarrollando para el metaverso es el Protocolo de Interoperabilidad de los Metaversos (MIVP), que está siendo desarrollado por un grupo de empresas y organizaciones líderes en la industria del metaverso. El MIVP tiene como objetivo establecer un marco común para la interoperabilidad entre diferentes plataformas de metaverso, y abordar cuestiones clave como la identidad digital, la seguridad y la privacidad de los datos, y la gestión de derechos de autor.

Otra forma en que se está abordando la interoperabilidad en el metaverso es a través de la creación de herramientas y tecnologías específicas. Estas herramientas pueden permitir a los desarrolladores crear contenido y servicios que sean interoperables en diferentes plataformas, y pueden ayudar a abordar cuestiones prácticas como la compatibilidad de formatos de archivo.

Además de estos enfoques técnicos, la interoperabilidad en el metaverso también requiere una cooperación y colaboración más amplias entre las empresas, los gobiernos y los usuarios. La creación de un metaverso verdaderamente interoperable requerirá que todos los actores trabajen juntos para abordar los desafíos técnicos y legales, y para establecer normas y estándares comunes que permitan la interoperabilidad en todas las plataformas y tecnologías.

Ley de la identidad digital

La identidad digital es un tema crítico en el mundo digital actual. Con el aumento de la cantidad de servicios en línea y el valor de los datos personales, la seguridad y la protección de la identidad se han convertido en una preocupación cada vez más importante. La ley de la identidad digital es una de las cinco leyes del metaverso, que establece que los usuarios deben tener control sobre su propia identidad digital.

La identidad digital se refiere a la representación en línea de la identidad de una persona. Es una colección de información y datos que se utilizan para verificar la identidad de una persona en línea. La identidad digital se utiliza en muchas situaciones en línea, desde el acceso a servicios hasta la realización de transacciones financieras.

La ley de la identidad digital es esencial para garantizar que los usuarios tengan control sobre su propia identidad en línea. Esta ley establece que los usuarios deben tener la capacidad de controlar su identidad en línea y decidir quién puede acceder a sus datos personales.

Una identidad digital segura es importante para proteger los datos personales de los usuarios. Los ataques cibernéticos y los robos de identidad son cada vez más comunes, y una identidad digital segura puede ayudar a prevenir estos problemas. También es importante para proteger la privacidad de los usuarios y garantizar que su información personal no se comparta sin su consentimiento.

Para implementar la ley de la identidad digital, se necesitan soluciones tecnológicas adecuadas. Las tecnologías de identidad digital pueden incluir autenticación multifactor, criptografía y tecnologías de blockchain. Estas soluciones tecnológicas pueden ayudar a garantizar que los usuarios tengan control sobre su propia identidad digital y que sus datos personales estén protegidos.

Otro aspecto importante de la ley de la identidad digital es la interoperabilidad. Los usuarios deben tener la capacidad de usar su identidad digital en diferentes plataformas y servicios. Esto significa que los sistemas de identidad digital deben ser compatibles y permitir que los usuarios compartan su información de identidad de manera segura y confiable.

La identidad digital también puede ser útil para la creación de servicios personalizados y la simplificación de procesos en línea. Por ejemplo, una identidad digital confiable puede permitir que los usuarios inicien sesión en múltiples servicios en línea sin tener que crear una cuenta nueva para cada uno. También puede permitir que los usuarios compartan su información personal de manera segura y controlada, lo que podría mejorar la precisión de los servicios personalizados.

Sin embargo, también hay preocupaciones sobre la implementación de la identidad digital. Por ejemplo, algunas personas podrían preocuparse de que una identidad digital obligatoria pueda llevar a un mayor seguimiento y control gubernamental. Además, la gestión de la identidad digital puede ser costosa y compleja, especialmente para aquellos que no tienen acceso a la tecnología adecuada.

En resumen, la ley de la identidad digital es importante para garantizar que los usuarios tengan control sobre su propia identidad en línea y que sus datos personales estén protegidos. La implementación de soluciones tecnológicas adecuadas y la interoperabilidad son cruciales para garantizar que los sistemas de identidad digital sean seguros y útiles. Sin embargo, también se deben abordar las preocupaciones éticas y sociales para garantizar que la identidad digital se implemente de manera justa y responsable.

Ley de la propiedad virtual

La propiedad virtual es una ley fundamental del metaverso que se refiere a los derechos de propiedad de los objetos y activos digitales dentro del espacio virtual. En otras palabras, se refiere a la propiedad de los elementos que existen en un mundo virtual, como objetos, monedas y otros activos.

Esta ley es importante porque el metaverso se está convirtiendo en un espacio cada vez más valioso y popular para la creación y el intercambio de bienes virtuales. A medida que más personas participan en el metaverso, es esencial establecer un sistema justo y transparente para determinar la propiedad y la transferencia de activos virtuales.

La propiedad virtual tiene implicaciones en la economía y en la forma en que las personas interactúan en el metaverso. Las monedas virtuales, por ejemplo, son un elemento clave de muchos mundos virtuales y juegos en línea, y tienen un valor real en términos de dinero en efectivo. Los objetos virtuales también pueden tener un valor significativo para los jugadores y los creadores de contenido, y pueden ser comprados, vendidos y comerciados en el mundo real.

La ley de la propiedad virtual establece que los derechos de propiedad de los objetos y activos virtuales son similares a los derechos de propiedad en el mundo físico. Esto significa que los jugadores y los creadores de contenido tienen derecho a controlar y beneficiarse de los objetos que crean o adquieren en el metaverso, y que pueden transferir o vender estos objetos a otros usuarios o empresas.

Sin embargo, también hay limitaciones en la propiedad virtual. Por ejemplo, los derechos de propiedad no siempre son absolutos, y pueden estar sujetos a las reglas y políticas de los mundos virtuales específicos. Además, los propietarios pueden enfrentar desafíos en la protección de sus derechos de propiedad en el mundo virtual, especialmente cuando se trata de la copia y distribución no autorizada de activos virtuales.

La propiedad virtual también tiene implicaciones en términos de derechos de autor y propiedad intelectual. Por ejemplo, los creadores de contenido en el metaverso tienen derechos de autor sobre las creaciones que producen, y tienen derecho a controlar cómo se utilizan y distribuyen sus creaciones. Las empresas y los usuarios también deben respetar los derechos de propiedad intelectual de los demás al crear y comercializar objetos y activos virtuales.

En resumen, la ley de la propiedad virtual es esencial para el funcionamiento justo y transparente del metaverso. Al establecer derechos de propiedad claros y proteger los derechos de autor y la propiedad intelectual, se pueden crear incentivos para la creación y el intercambio de bienes virtuales, y se pueden fomentar comunidades prósperas y sostenibles en el metaverso. Sin embargo, también es importante reconocer las limitaciones de la propiedad virtual y trabajar para garantizar su protección en un entorno en constante evolución.

Ley de la privacidad y seguridad

En el mundo del metaverso, la privacidad y la seguridad son temas muy importantes. A medida que más y más personas pasan tiempo en el metaverso, surgen preocupaciones sobre la privacidad de sus datos personales y la seguridad de sus cuentas y dispositivos.

La Ley de la privacidad y seguridad del metaverso establece que los usuarios deben tener control total sobre sus datos personales y que las empresas deben tomar medidas para garantizar la seguridad de los datos y las cuentas de los usuarios.

La privacidad se refiere al derecho de los usuarios a controlar la información que comparten en el metaverso. Muchos usuarios pueden estar dispuestos a compartir información sobre sus gustos, intereses y comportamientos en línea, pero también es importante que se sientan seguros de que su información no será compartida sin su consentimiento.

La seguridad se refiere a la protección de los datos personales y las cuentas de los usuarios contra el acceso no autorizado y el robo. En el metaverso, esto puede incluir la protección contra ataques de phishing, el robo de identidad y la explotación de vulnerabilidades en los dispositivos de los usuarios.

Para proteger la privacidad y la seguridad en el metaverso, es necesario que las empresas establezcan políticas claras y transparentes en cuanto al uso de los datos personales de los usuarios. Los usuarios deben tener la capacidad de controlar y administrar sus propios datos, incluyendo el derecho a solicitar la eliminación de sus datos en cualquier momento.

Además, las empresas deben implementar medidas de seguridad sólidas para proteger los datos de los usuarios, como el cifrado y la autenticación de dos factores. También deben educar a los usuarios sobre las mejores prácticas de seguridad en línea y cómo protegerse contra amenazas comunes.

Por otro lado, los usuarios también tienen un papel importante que desempeñar en la protección de su propia privacidad y seguridad. Deben asegurarse de tener contraseñas seguras y actualizadas para sus cuentas, no compartir información personal con extraños y tener precaución al hacer clic en enlaces sospechosos o descargar archivos adjuntos de correos electrónicos desconocidos.

En resumen, la Ley de la privacidad y seguridad del metaverso es esencial para garantizar que los usuarios estén seguros y protegidos en el mundo virtual. Las empresas y los usuarios deben trabajar juntos para garantizar que se tomen las medidas necesarias para proteger la privacidad y la seguridad en el metaverso. Solo entonces se puede asegurar que el metaverso sea un lugar seguro y confiable para todos.

Ley de la accesibilidad

La Ley de Accesibilidad en el metaverso es un principio fundamental que garantiza que todas las personas tengan igualdad de acceso y participación en este espacio virtual en constante crecimiento. Esta ley se refiere a la capacidad de todas las personas, independientemente de sus habilidades físicas o mentales, para acceder y participar en el metaverso de manera segura y efectiva.

Es importante entender que la accesibilidad en el metaverso no es solo una cuestión de buena voluntad, sino que también es una obligación ética y legal. Muchos países tienen leyes que requieren que las empresas y organizaciones proporcionen acceso equitativo a las personas con discapacidades. Estas leyes también se aplican al mundo virtual y al metaverso.

La accesibilidad en el metaverso puede abarcar una amplia gama de aspectos. Por ejemplo, las personas con discapacidades visuales o auditivas pueden necesitar tecnología de asistencia para interactuar con el metaverso. Esto podría incluir sistemas de lectura de pantalla, dispositivos de audio, o incluso tecnología de realidad virtual especializada.

Además, la accesibilidad en el metaverso también se refiere a la capacidad de las personas con discapacidades físicas para moverse y navegar en el espacio virtual. Por ejemplo, las personas que utilizan sillas de ruedas o dispositivos de movilidad pueden necesitar rampas o elevadores virtuales para acceder a ciertas áreas.

La accesibilidad en el metaverso también puede extenderse a la interacción social. Las personas con discapacidades sociales o de comunicación pueden necesitar herramientas y tecnología especializadas para participar en actividades sociales y colaborativas. Esto podría incluir sistemas de comunicación alternativos o incluso tecnología de realidad aumentada para mejorar la interacción social.

Es importante destacar que la accesibilidad en el metaverso no solo se aplica a las personas con discapacidades. También se refiere a la eliminación de barreras de acceso para todas las personas, independientemente de su edad, género, raza, religión u orientación sexual.

Para lograr una accesibilidad completa en el metaverso, se requiere la cooperación y colaboración de varias partes interesadas, incluidos los desarrolladores de software, las empresas de tecnología y los usuarios finales. Los desarrolladores de software deben diseñar y desarrollar el metaverso con la accesibilidad en mente, incluyendo características y herramientas que permitan la accesibilidad. Las empresas de tecnología también deben asegurarse de que sus productos y servicios sean accesibles para todas las personas.

Finalmente, los usuarios finales también tienen un papel importante en la creación de un metaverso accesible. Deben proporcionar retroalimentación y comentarios a los desarrolladores y empresas para mejorar la accesibilidad. También pueden participar en grupos de defensa y organizaciones sin fines de lucro que abogan por la accesibilidad en el metaverso.

En conclusión, la Ley de Accesibilidad es esencial para garantizar que todas las personas tengan acceso y participen de manera efectiva en el metaverso. Es una obligación ética y legal que requiere la cooperación y colaboración de varias partes interesadas. Si se implementa correctamente, el metaverso puede convertirse en un espacio virtual verdaderamente inclusivo y accesible para todas las personas.

Estimados lectores,

Me dirijo a ustedes con profunda gratitud y aprecio por haber comprado este libro sobre el metaverso y por dedicar tiempo y atención a su lectura. Espero sinceramente que haya sido una experiencia enriquecedora y valiosa para ustedes.

Este libro es el resultado de un esfuerzo colectivo y una pasión compartida por explorar los desafíos y oportunidades del metaverso. Me gustaría expresar mi más sincero agradecimiento a todos los que han contribuido a este proyecto.

En primer lugar, agradezco a mis colegas y colaboradores que me han apoyado en la investigación y la escritura de este libro. Su dedicación y entusiasmo han sido una fuente constante de inspiración y motivación.

También deseo agradecer a las diversas empresas, organizaciones y expertos que han compartido sus conocimientos y perspectivas sobre el metaverso. Sus aportes han sido invaluables para comprender las complejidades y las posibilidades de esta tecnología emergente.

No puedo dejar de mencionar a mi familia y amigos, quienes me han brindado un inmenso apoyo emocional y han sido una fuente constante de motivación en este proceso.

Por último, pero no menos importante, agradezco a ustedes, los lectores. Su interés en el metaverso y su compromiso con la exploración de sus posibilidades futuras es lo que ha impulsado este proyecto y me ha llevado a compartir mis ideas y conocimientos con ustedes.

Espero que este libro les haya ofrecido una visión clara y completa de lo que el metaverso podría significar para el futuro de nuestra sociedad y nuestra economía. Espero que les haya inspirado a ser parte activa de la construcción de este futuro y a contribuir con su propio conocimiento y habilidades a medida que el metaverso evolucione y se convierta en una realidad cada vez más presente en nuestras vidas.

Nuevamente, gracias por su interés en este tema y por dedicar su tiempo y atención a la lectura de este libro. Espero que les haya gustado y que lo hayan encontrado útil e informativo.

Atentamente,

Christian Schio

Biografía del autor

Christian Schio nació en Milán, Italia, el 28 de mayo de 1976. Desde muy joven, demostró una gran pasión por los ordenadores, lo que lo llevó a crear sus primeros videojuegos en BASIC a la edad de 8 años. A los 11 años, su interés se desvió hacia el mundo de los virus informáticos, lo que le permitió aprender más sobre la ciberseguridad.

Con el paso del tiempo, Christian se convirtió en un experto en seguridad informática y colaboró con las fuerzas del orden italianas para ayudar en la detención de un gran grupo de delincuentes pedófilos. Además de su trabajo en seguridad informática, también trabajó como fotógrafo, editor de video, diseñador gráfico y asesor informático.

Christian también se involucró en la industria musical, trabajando como asistente en eventos de gran magnitud. Además, trabajó en la sala de dirección de numerosos programas de televisión italianos.

En 2006, Christian decidió mudarse a Lanzarote, una isla española. Allí, se ha dedicado a ayudar a la gente local con sus problemas informáticos y se ha ganado una reputación como el experto en seguridad informática más confiable de la isla. Además, ha creado numerosas páginas web y ha trabajado como consultor informático para empresas locales.

En resumen, Christian Schio es un experto en seguridad informática y un apasionado de la tecnología desde una edad temprana. Su amplia gama de habilidades en fotografía, edición de video y diseño gráfico, entre otras cosas, lo han convertido en una figura destacada en la comunidad tecnológica de Lanzarote y más allá.

Christina Grey

www.ingramcontent.com/pod-product-compliance
Lightning Source LLC
LaVergne TN
LVHW051235050326
832903LV00028B/2419